AF542412

GEOGRAPHIE DES ENFANS, OU METHODE ABREGÉE DE LA GEOGRAPHIE.

Divisée par Leçons ; avec la Liste des Cartes nécessaires aux Enfans.

NOUVELLE ÉDITION.

Par M. l'Abbé LENGLET DU FRESNOY.

A PARIS,

Quay des Augustins, du côté du Pont Saint Michel.

Chez { ROLLIN fils, à S. Athanase. DE BURE l'aîné, à S. Paul.

M. DCC. XXXVI.

Avec Approbation & Privilege du Roy.

8° H 162

AVERTISSEMENT.

IL y a long-tems que l'on souhaite une Geographie pour les enfans. Toutes celles qui ont paru jusques-ici n'étoient point à leur portée, ou par leur trop d'étenduë, ou par l'ordre qu'on y avoit suivi, qui n'étoit pas proportionné à leur mémoire. Souvent on les accabloit d'un détail, où ils ne comprenoient rien, ou même l'on négligeoit de fixer leur imagination, qui s'écarte aisément.

Les enfans ont d'ordinaire plus de memoire que de jugement, il faut donc se servir de l'une pour leur inspirer l'autre. C'est ce que j'ai fait en sorte de pratiquer dans ce petit abregé. J'ai remarqué que la mémoire des enfans est déterminée par une demande claire & succincte, qui leur fait souvent entrevoir la réponse. Mais j'ai dirigé l'une &

l'autre de maniere que la ſimplicité & la brieveté de la demande fait naître la lumiere, ſans les accabler par une longueur, qui les offuſque & leur fait perdre de vûë le point eſſentiel, dont on les veut inſtruire. Et j'ai tellement arrangé la réponſe, qu'elle eſt proportionnée à la mémoire la plus foible, & pourra neanmoins ſatisfaire & nourrir ceux qui en ont plus que les autres. J'ai tenu le milieu entre trop de brieveté & trop d'étenduë.

J'oſe dire même que ce petit abregé ne feroit pas inutile à bien des perſonnes plus avancées en âge, qui ne manquant pas d'éducation, ignorent cependant les premiers élémens d'une ſcience néceſſaire, qui demande peu d'application, & qui dépend moins du jugement que des yeux & de la mémoire. J'en ai particulierement remarqué la neceſſité dans ces derniers tems. Tout le monde parle de Guerre; & ceux qui dans les compagnies ſe mêlent d'en parſer, ſans connoître la Carte, font voir leur négligence en une choſe auſſi facile. Que peut-on penſer d'un homme ou d'une femme, inſtruits d'ailleurs, lorſqu'on leur entend demander ſi la Bretagne n'eſt point la route la plus droite pour ſe rendre en Pologne?

Pour peu qu'on veüille s'inſtruire, on trouvera dans ce petit abregé ce qui eſt néceſſaire pour l'uſage ordinaire du monde; je n'en excepte pas même les jeunes perſonnes du ſexe, qui pourront en moins de deux mois prendre des principes qu'il eſt quelquefois honteux de ne pas ſçavoir.

J'ai diſpoſé chaque Leçon de maniere que la mémoire la moins ſûre peut l'apprendre en une demi-heure ou environ. J'ai évité les termes d'art ou ceux qui demandent quelque explication: j'ai répandu la clarté dans tout ce qui en étoit ſuſceptible.

Cet abregé n'eſt proprement que

l'extrait de la *Méthode pour étudier la Geographie*, que je fis paroître l'an 1716 en quatre volumes in-douze, & que je publie de nouveau avec des corrections, des changemens & des augmentations très-considerables. Cette Méthode sert même de Commentaire à ce petit abregé. L'un & l'autre sont rangés dans le même ordre. Le jeune éleve n'a besoin que de la *Geographie des enfans* : & le Maître la peut expliquer par le moyen de la Méthode que j'ai fait réimprimer chez les mêmes Libraires. Mais le Maître doit avoir l'attention de ne jamais faire répeter la leçon de Geographie, sans montrer d'abord à son éleve, & sans lui faire montrer ensuite sur la Carte l'endroit qui fait le sujet de la leçon du jour. C'est le seul moyen de fixer l'imagination des enfans.

J'ai donné dans la Méthode pour étudier la Geographie des Listes de Cartes fort amples & fort détaillées : mais qu'on ne s'imagine pas qu'il faille les parcourir ou les avoir toutes pour ſçavoir la Geographie. Le Maître a de quoi choiſir dans ces Liſtes ; mais voici celles qui ſuffiſent aux enfans pour bien entendre cette petite Geographie que je leur préſente.

Liſte des Cartes pour les enfans.

La Mappemonde en deux Hemiſpheres, par les ſieurs SANSON, chez *Bernard Jaillot*, près les grands Auguſtins, en deux feüilles.

L'Europe, par les ſieurs SANSON, chez le même, en deux feüilles.

L'Aſie par les ſieurs SANSON, chez le même, en deux feüilles, ou par Guillaume de LISLE, en une feüille.

L'Afrique par les ſieurs SANSON, chez le même, en deux feüilles.

L'Amerique Septentrionale par les ſieurs SANSON, chez le même, en deux feüilles.

L'Amerique méridionale par les ſieurs SANSON, chez le même, en deux feüilles.

La France diviſée par Generalités, chez le même, en deux feüilles.

Chaque Nation peut y joindre la Carte de ſon pays, qu'il eſt néceſſaire de connoître préferablement à tout autre.

J'indique les Cartes de Meſſieurs SANSON publiées par le ſieur *Jaillot*, parce que juſques ici nous n'en avons pas encore eu de plus exactes, de plus claires, ni de mieux gravées. Il ſeroit utile que ces Cartes fuſſent enluminées en plein à la maniere d'Hollande; mais du moins il eſt néceſſaire qu'elles le ſoient par un ſimple trait à la maniere de France.

TABLE DE LA GEOGRAPHIE DES ENFANS.

Les Libraires qui publient cet Abregé de Geographie, donnent avis qu'ils ont fait paroître une nouvelle Edition de la Méthode pour étudier la Géographie, par le même Auteur, in 12. 5. *Volumes fort augmentés, & qu'ils vont publier incessamment le* Supplément ou Tome 5. de la Méthode pour étudier l'Histoire *du même Auteur in* 4°. *grand & petit papier, & in* 12. 4. *Volumes, pour joindre à toutes les Editions de cette* METHODE.

MAPPE

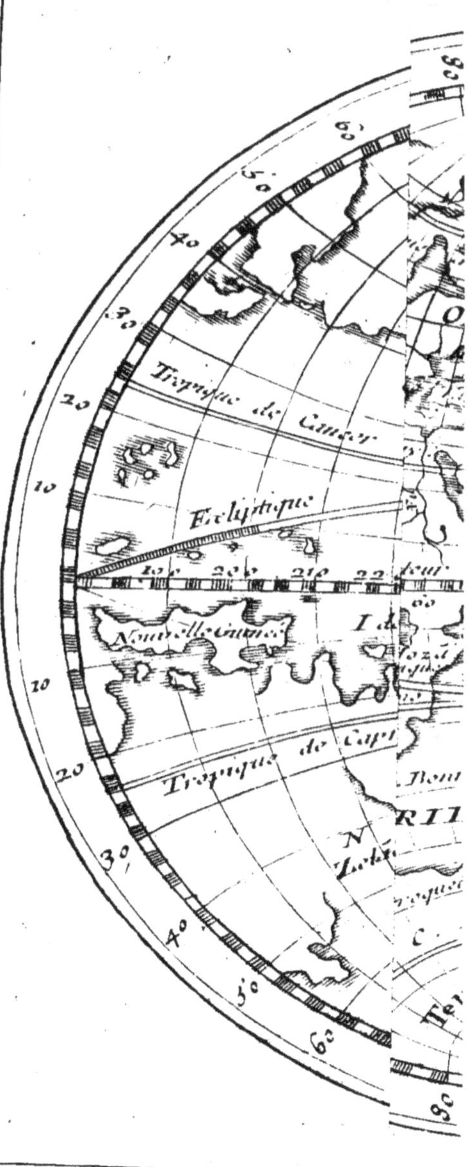
Tropique de Cancer
Ecliptique
Nouvelle Guinée
Tropique de Capr
Tropique
60
50
40
30
20
10
10
20
30
40
50
60

MAPPE-MONDE, PLANISPHERE, ou CARTE GENERALE DU MONDE

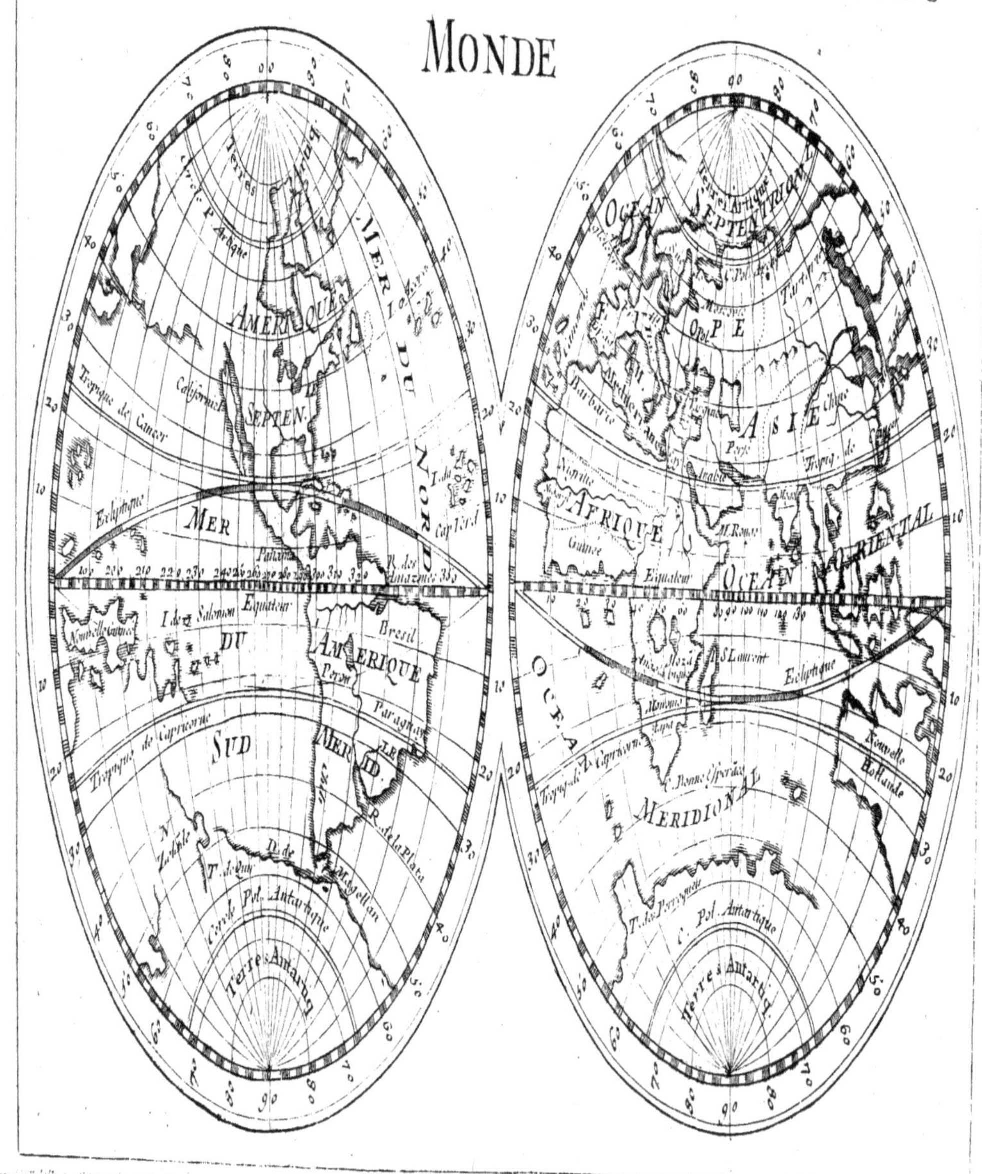

GEOGRAPHIE DES ENFANS, OU METHODE ABREGEE DE LA GEOGRAPHIE.

PREMIERE LEÇON.

Du Monde en general.

Demande.  *U'eſt-ce que la Geographie ?*

Réponſe. La Geographie eſt la deſcription du Globe terreſtre, ou la diviſion de la ſurface de la Terre en ſes differentes parties.

D. *Quelles sont les parties du Globe terrestre ?*

R. Il y en a deux principales ; sçavoir, la Terre & les Eaux : ces Eaux sont la Mer, les Lacs, & les Rivieres.

D. *Quelle difference mettez vous entre ces eaux ?*

R. La Mer est un grand assemblage d'eaux salées : la plûpart des Lacs sont un assemblage moins considerable d'eaux douces ; & les Rivieres sont des eaux douces courantes.

D. *Quelles parties contient la surface de la Terre ?*

R. On en compte ordinairement six, sçavoir ; l'Europe, l'Asie, l'Afrique & l'Amerique, avec les Terres Arctiques & les Terres Antarctiques, en y comprenant les Isles.

D. *Ces parties ont-elles toujours été connues ?*

R. Non ; car les anciens ne connoissoient que les trois premieres, qui sont l'Europe, l'Asie, & l'Afrique ; & même elles n'étoient pas entierement découvertes.

D. *Quel nom donne-t'on à ces trois parties ?*

R. On les nomme ordinairement l'ancien monde, ou l'ancien continent, parce qu'il étoit connu des anciens.

D. *Comment nomme-t'on l'Amerique ?*

R. On l'appelle le nouveau monde ; parce qu'il a été découvert dans les derniers siecles : ou même les Indes Occidentales, pour les distinguer des grandes Indes qui sont à l'Orient.

D. *Quelle partie de la Terre fut habitée la premiere ?*

R. Ce fut l'Asie, où le premier homme a été créé : c'est aussi la plus illustre, parce que le Sauveur du monde y est né, & qu'il y a operé le Mystere de la Redemption.

D. *Quelle partie de la Terre est aujourd'hui la plus celebre ?*

R. C'est l'Europe ; tant par la douceur de ses mœurs, que par la police du Gouvernement & la sagesse de ses differentes Loix.

D. *Les autres parties de la Terre ont-elles ce même avantage ?*

R. Les extremités de l'Asie sont gouvernées plus sagement que les Etats qui sont au couchant. La plûpart de l'Afrique est restée dans la Barbarie ; & si l'on excepte en Amerique ce qui est habité par les Européens, le reste conserve toujours quelque chose de sauvage & d'inculte : les autres parties sont peu connuës.

II. LEÇON.

DE L'EUROPE.

Demande. *QUelles sont les bornes de l'Europe ?*

Réponse. L'Europe eſt bornée au nord par la mer Glaciale ; au levant par la Ruſſie Aſiatique, le Don ou Tanaïs & par la mer Noire ; au midi par la mer Mediterranée, & au couchant par le grand Ocean.

D. *Combien l'Europe contient-elle d'Etats principaux ?*

R. Elle en contient ſeize, dont ſix ſont au nord, cinq, vers le milieu, & cinq au midi.

D. *Quels ſont les Etats du nord?*

R. Ce ſont les Iſles Britanniques, le Dannemarck, la Norwege ; à laquelle on joint l'Iſlande, la Suede, la grande Ruſſie ou Moſcovie & la Pologne.

D. *Quels Etats ſont au milieu de l'Europe ?*

R. Ce ſont la France, l'Allemagne, les Provinces des Pays-bas, la Bohême, & la Hongrie.

D. *Quels Etats ſont au midi de l'Europe ?*

R. Ce ſont l'Eſpagne, le Portugal, l'Italie, la Turquie en Europe, & la petite Tartarie.

D. *Tous ces Etats ſe gouvernent-ils de même ?*

R. Il s'en faut beaucoup. Les uns ſont des Etats Monarchiques, les autres ſont des Republiques, & les troiſiémes ont un Gouvernement mixte.

D. *Qu'eſt-ce qu'un Etat Monarchique ?*

R. La Monarchie eſt un Etat où l'autorité ſouveraine eſt entre les mains d'un ſeul, qui gouverne ſoit par lui-même, ſoit par ſes Miniſtres, comme en France, en Eſpagne, en Portugal.

D. *Qu'entendez-vous par Republique ?*

R. La Republique eſt un Etat, où l'autorité ſouveraine eſt déposée entre les mains de pluſieurs membres choiſis pour gouverner les autres, comme Veniſe, les Provinces-Unies des Pays-bas, & la Suiſſe.

D. *Qu'eſt-ce qu'un Gouvernement mixte ?*

R. C'eſt celui où l'autorité du Souverain eſt limitée ou temperée par les Loix ou par les Etats, comme l'Empire d'Allemagne, la Pologne, & l'Angleterre.

D. *Combien l'Europe a-t'elle d'étenduë ?*

R. L'Europe depuis le Cap nord, juſqu'aux extremitez de l'Italie, ou de l'Eſpagne contient environ ſept cens lieuës ; & environ mille cinquante du couchant au levant ; c'eſt-à-dire, depuis le Cap Finiſtere en Eſpagne juſques au Don ou Tanaïs.

III. LEÇON.

Suite de l'Europe.

Demande. *QUelles ſont les Villes Capitales des Etats du Nord ?*

Reponſe. Londres eſt la Capitale des Isles Britanniques ; Copenhague du Dannemarck ; Christiania de la Norwege ; Stockolm de la Suede ; Moscow de la Russie ou Moscovie ; & la Pologne a Cracovie, quoique les Rois demeurent à Varsovie.

D. *Quelles sont les Villes Capitales des Etats du milieu de l'Europe?*

R. La France a pour Capitale Paris : Prague est la Capitale de la Bohême, & Bude de la Hongrie.

D. *Pourquoi ne marquez-vous pas la Capitale de l'Allemagne ?*

R. Parce que l'Allemague étant un Empire, composé de plusieurs grandes Principautés indépendantes, chaque Etat particulier a sa Capitale : & l'on ne sçauroit dire précisément qu'elle est celle de toute l'Allemagne. Mais Vienne sert depuis long-tems de résidence aux Empereurs.

D. *Les Pays-bas n'ont-ils pas aussi de Capitale ?*

R. On ne ſçauroit marquer au juſte la Capitale des Pays-bas, parce qu'étant un compoſé de differentes Républiques ſoumiſes à diverſes Dominations, chaque Republique a ſa Capitale.

D. *Quelles ſont les Capitales des Etats de l'Europe qui ſont au midy?*

R. L'Eſpagne a pour Capitale Madrit; le Portugal a Lisbonne; l'Italie a Rome, Conſtantinople eſt la Capitale de la Turquie: & Bacha Seraï l'eſt de la petite Tartarie.

D. *Quelles ſont les Iſles les plus conſiderables de l'Europe?*

R. Ces Iſles ſont la grande Bretagne, l'Irlande & l'Iſlande dans le grand ocean & dans la mer Mediterranée on trouve la Sicile, Sardaigne, Corſe, Majorque, Minorque, Candie, & les Iſles de l'Archipel.

D. *Qu'eſt-ce qu'une Iſle?*

R. C'eſt une portion de terre,

moindre qu'un continent, & toute environnée d'eau.

IV. LEÇON.

Suite de l'Europe.

Demande. *QUelles ſont les Rivieres ou Fleuves de l'Europe ?*

Réponſe. Les principaux ſont la Dwine & le Don ou Tanaïs en Moſcovie ; le Danube, le Rhin & l'Elbe en Allemagne ; la Viſtule en Pologne; la Tamiſe en Angleterre; la Loire, la Seine, le Rhône & la Garonne en France ; l'Ebre, le Tage & le Douro en Eſpagne ; & le Pô en Italie.

D. *Marquez les principales Montagnes de l'Europe ?*

R. Ces Montagnes ſont les Fellices, ou Daara-Field entre le Norwege & la Suede ; le Mont Krapack entre la Pologne & la Hongrie : les Monts Pirenées qui ſéparent la France & l'Eſpagne :

les Alpes entre la France, l'Allemagne & l'Italie & l'Appennin qui traverſe toute l'Italie.

D. *N'y a-t-il pas en Europe des Montagnes qui jettent du feu?*

R. Il s'en trouve pluſieurs : tels ſont le Mont Hecla dans l'Iſlande, le Veſuve ou Soma dans le Royaume de Naples; l'Etna ou Gibel dans la Sicile, & il s'en forme quelques-unes dans le Royaume de Bohême.

D. *Qui ſont les principaux Lacs de l'Europe?*

R. Ce ſont ceux de Ladoga & d'Onega en Moſcovie; de Geneve entre la Suiſſe & la Savoye; de Conſtance ſur les frontieres d'Allemagne; & celui de Come avec le Lac majeur en Italie.

D. *Qu'entendez-vous par un Lac?*

R. C'eſt un aſſemblage aſſez grand d'eau douce ou ſalée, moindre que la mer, mais beaucoup plus grand que les Etangs.

D. *Quels Détroits sont en Europe?*

R. Ces Détroits sont ceux du Sund pour la mer Baltique ; le Pas de Calais entre la France & l'Angleterre ; le Phare de Messine entre Naples & Sicile, & le Détroit des Dardanelles ou Gallipoli & celui de Constantinople dans la Mediterranée entre l'Europe & l'Asie, avec le Détroit de Gibraltar qui sépare l'Espagne d'avec l'Afrique.

D. *Qu'appellez-vous un Détroit?*

R. C'est un Canal formé par la mer, & qui se trouve entre deux terres, peu éloignées l'une de l'autre, & qui sert de communication à deux mers.

V. LEÇON.

Isles Britanniques.

GRANDE BRETAGNE.

Demande. *QU'entendez-vous par les Isles Britanniques?*

Réponse. Ces Isles au nombre

de deux grandes & de plusieurs petites, composent un Royaume hereditaire, qui se nomme aujourd'hui le Royaume de la Grande Bretagne.

D. *Quelles sont les deux grandes Isles Britanniques ?*

R. Ces Isles sont le Royaume de la Grande Bretagne en particulier, & le Royaume d'Irlande qui est une ancienne conquête de l'Angleterre.

D. *En combien de parties divise-t'on l'Isle de la Grande Bretagne ?*

R. Elle se divise en deux parties principales, sçavoir l'Angleterre & l'Ecosse, qui faisoient autrefois deux Royaumes, mais qui aujourd'hui n'en font qu'un depuis l'union que la Reine Anne en a faite en 1707.

D. *En combien de parties divise-t'on l'Angleterre ?*

R. En deux parties, sçavoir en Angleterre propre & en Principauté de Galles, qui contiennent ensemble 52 Provinces ou Comtez.

D. *Quelles sont les principales Villes de l'Angleterre?*

R. Londres, qui en est la Capitale est aussi la plus marchande & l'une des plus grandes Villes de l'Europe. On y joint Cantorbery & YORCK, toutes deux avec titre d'Archevêché; aussi-bien qu'Oxford & Cambridge où sont deux Academies ou Universitez.

D. *Combien y a-t'il d'Evêchez en Angleterre?*

R. Il s'y trouve deux Archevêchez & 25 Evêchez, qui tous ont entrée au Parlement d'Angleterre, à l'exception de celui de l'Isle de Man qui n'y entre pas, parce qu'il n'est point à la nomination du Roy.

D. *Quelles sont les principales Rivieres d'Angleterre?*

R. Ces Rivieres sont la Tamise, la Saverne, & l'Humber.

D. *Quelles en sont les principales Isles?*

R. Ces Isles sont celles Wight, d'Anglesey, de Man, les Sorlingues, Jersay & Garnesey. Ces deux dernieres sont sur les Côtes de Normandie Province de France.

D. *Quelle est la Religion dominante des Isles Britanniques?*

R. C'est la Religion reformée Episcopale, où avec les dogmes des Reformez de Geneve, on a conservé beaucoup des cérémonies & de l'exterieur de la Religion Catholique, & même une partie considerable de sa Discipline. Cela n'empêche pas qu'il ne s'y trouve un grand nombre de Reformés, ou Puritains, de Lutheriens, de Juifs, & même des Catholiques, sur tout en Irlande.

VI. LEÇON.

Suite des Isles Britanniques.

Demande. *Comment divisez-vous l'Ecosse?*

Réponse. L'Ecosse se divise en Septentrionale au-delà du Tay, & en Meridionale au-deçà du Tay; qui contiennent en tout 35 Provinces sous deux Archevêchés, & 12 Evêchés.

D. *Dans quel état est l'Ecosse?*

R. Par rapport à la nature du terrain, l'Ecosse est beaucoup moins fertile que l'Angleterre: elle est déserte en quelques endroits. Quant à son Gouvernement, il est entierement changé: autrefois c'étoit un Royaume, & par l'union qui en fut faite avec l'Angleterre en 1707, elle est devenue Province, soumise à l'Angleterre.

D. *L'Ecosse a-t'elle des Rivieres & des Lacs?*

R. Le Tay, la Spey, la Clyde &

& le Nith en ſont les plus conſiderables Rivieres ; mais les Lacs s'y trouvent en bien plus grand nombre.

D. *Quelles ſont les principales Villes de l'Ecoſſe ?*

R. Edimbourg, qui en eſt la Capitale : Gloſcow & Saint André ſont le Siege des deux Archevêques de ce Pays.

D. *Quelles ſont les Iſles qui tiennent à l'Ecoſſe ?*

R. Il y en a pluſieurs que l'on diviſe en trois claſſes ; ſçavoir les Weſternes, qui ſont au couchant de l'Ecoſſe ; les Orcades au nord, & les Schetlands qui ſont encore plus au Septentrion.

D. *Comment diviſez-vous l'Irlande ?*

R. Elle ſe diviſe en quatre parties principales, qui contiennent 32 Provinces ou Comtés, ſous la direction ſpirituelle de 4 Archevêques & de 19 Evêques.

D. *Marquez les Villes d'Irlande les plus remarquables ?*

R. Celle de Dublin qui en eſt la Capitale, d'Armach, de Cashel & de Gallouay, toutes quatre ayant le titre d'Archevêchez. Watterfort & Limmerick ſont encore deux Villes aſſez conſiderables, & qui font un bon commerce.

D. *Quelles ſont les Rivieres de l'Irlande ?*

R. Il y en a pluſieurs : mais la plus conſiderable eſt le Shannon, qui dans ſon cours forme trois Lacs & un grand Golfe à ſon embouchure, au nord de l'Irlande.

D. *Quelle eſt la Religion de ces deux parties ?*

R. La Religion y eſt la même qu'en Angleterre, avec cette difference qu'en Ecoſſe il y a beaucoup plus de Reformés que d'Epiſcopaux, & point de Catholiques ; au lieu qu'en Irlande il y a beaucoup plus de Catholiques que d'aucune autre Communion Chrétienne.

Ces ſix Leçons doivent faire une ſemaine, & le ſeptiéme jour il eſt bon de faire repeter les ſix Leçons précédentes ; ayant la précaution de faire toujours marquer par les Enfans ſur la Carte les endroits dont ils parlent, après neanmoins qu'on les leur aura montré.

VII. LEÇON.

LE DANNEMARK.

Demande. *COmment diviſez-vous le Dannemarck?*

Réponſe. Le Royaume de Dannemarck, Pays aſſés froid, mais ſain, ſe diviſe en terres fermes à l'Occident, & en Iſles qui ſont à l'Orient.

D. *Quelle eſt la terre ferme du Dannemarck?*

R. C'eſt le Jutland, qui ſe diviſe en nord-Jutland, & en ſud-Jutland ou Duché de Sleſwick ſous la direction de ſix Evêques Proteſtans, c'eſt-à-dire Lutheriens.

D. *Quelles ſont les Iſles du Dannemarck ?*

R: Ces Iſles dans la mer Baltique ſont Zeeland, Funen, ou Fionie, Langeland, Laland, Falſter & quelques autres moins conſiderables, avec quelques-unes dans le grand Ocean.

D. *Quelles Villes y a-t-il en Dannemark ?*

R. Les Villes les plus diſtinguées ſont Copenhague, Capitale du Royaume qui eſt dans l'Iſle de Zeeland ; Elzeneur ſur le Détroit du Sund : Odenzée dans l'Iſle de Funen; Alborg, Wiborg, Arhuſen, Rypen & Sleſwick.

D. *Qu'eſt-ce que le Détroit du Sund ?*

R. C'eſt un paſſage de mer entre le Dannemark & la Suede, qui fait la communicatiun du grand Ocean avec la mer Baltique.

NORWEGE.

D. *Qu'eſt-ce que le Norvvege ?*

Réponse. Le Norwege eſt le Royaume le plus ſeptentrional de l'Europe, qui s'étend le long de la mer, & qui ſe diviſe en 4 grands Gouvernemens, qui ſont ceux d'Aggerhus, de Berghen, de Dronthem, & de Wardhus où eſt la Laponie Norwegienne. La Capitale du Royaume ſe nomme Chriſtiania.

D. *Quelles ſont les dépendances du Norvvege?*

R. Ce ſont les Iſles d'Iſlande & de Fare ou Fero. L'Iſlande ſe diviſe en 4 quartiers, dont la Capitale eſt Skalhot. Les Iſles de-Fare ou Fero ne contiennent que des Villages ou des Hameaux peu conſiderables.

D. *Quelle eſt la Religion du Dannemarck?*

R. La Communion Lutherienne qui fut établie en Dannemarck l'an 1539, en eſt la Religion dominante; elle y eſt ſous la direction de ſix Evêques, qui réſident à Copenhague, à Odensée, à Wiborg, à Aalborg, à Rypen & à Arhusen: & il y a fort peu de Catholiques.

VIII. LEÇON.

LA SUEDE.

Demande. *Comment divisez-vous la Suede?*

Réponse. La Suede se divise en six grandes parties, qui contiennent sous elles d'autres Provinces particulieres. Ces six parties sont la Suede propre, le Gothland, le Schonen, le Gouvernement de Bahus, les Provinces du Nord, & la Finlande.

D. *Que remarquez-vous encore dans la Suede?*

R. Quelques Isles, sçavoir Aland, Gothland, & Oeland: les Golfes de Finlande & de Bothnie, & quelques Villes considerables, qui sont Stockolm Capitale, Upsal & Lunden tous deux Archevêchés,

Abo, Gotteborg, & Bahus. La Religion eſt la Lutherienne, comme en Dannemark, ſous la direction de l'Archevêque d'Upſal, & de ſept Evêques.

MOSCOVIE.

D. *Comment diviſez-vous la Moſcovie ?*

R. La Moſcovie ſe diviſe en Moſcovie ſeptentrionale, & Moſcovie méridionale, qui contiennent en tout trente-quatre Provinces, ſçavoir dix-huit dans la Moſcovie ſeptentrionale, & ſeize dans la méridionale.

D. *Que trouvez-vous de remarquable dans la Moſcovie ?*

R. Ce ſont les Villes de Moſcow Capitale, Petersbourg Ville toute nouvelle que le Czar Pierre I. a fait bâtir dans l'Ingrie, Archangel Ville très-commerçante, Smolensko & Kiow ſur les frontieres de Pologne. On y trouve encore les

Lacs Ladoga, Onega & Biela avec les Rivieres du Wolga, du Nieper, du Don, & de la Dwina. La Religion dominante eſt la Grecque Schiſmatique ſous la direction d'un Patriarche & de pluſieurs Archevêques & Evêques.

POLOGNE.

D. *Comment diviſez-vous la Pologne?*

R. Elle ſe diviſe en Royaume de Pologne & en Duché de Lithuanie. Le Royaume de Pologne contient vingt-deux Palatinats, & le Duché de Lithuanie en contient neuf avec ſept Capitaineries.

D. *Que remarquez-vous de conſiderable dans la Pologne?*

R. Les Villes conſiderables ſont Cracovie Capitale du Royaume; Varſovie réſidence des Rois; Vilna Capitale du Duché de Lithuanie; DANTZICK Ville libre, & très-commerçante, ſous la protection de la la Pologne, Posnanie, Sendomir & Kaminieck. La Religion Catholique y est la dominante, sous plusieurs Archevêques & Evêques. Il y a cependant des Grecs Schismatiques en Lithuanie, avec quelques Reformés & Lutheriens en Pologne.

HONGRIE.

D. *Comment divisez-vous la Hongrie ?*

R. En trois parties ; sçavoir en haute & basse Hongrie & en Esclavonie, & l'on y peut joindre aussi la Transylvanie, conquise par l'Empereur Charles VI.

D. *Qu'y remarquez-vous de considerable ?*

R. J'y remarque le Danube, le plus grand Fleuve de l'Europe, la Drave & la Save. Les Villes principales sont Bude Capitale du Royaume, Presbourg, Grand ou Strigonie, Grand Waradin, To-

Kay, Effek, Temeſwar, Hermanſtat Capitale de Tranſylvanie, & Belgrade Capitale de la Servie. La Religion Catholique en eſt la dominante ; mais on y trouve encore beaucoup de Lutheriens & de Calviniſtes.

BOHEME.

D. *Diviſez le Royaume de Boheme ?*

R. Je le diviſe en Boheme propre, en Duché de Silefie, en Marquiſat de Moravie & en Marquiſat de Luſace. Prague eſt la Capitale de la Boheme, Breſlaw de la Sileſie, Olmutz de la Moravie, & Gorlitz de la Luſace. La Religion Catholique y eſt la dominante ; mais il y a beaucoup de Lutheriens & quelques Calviniſtes.

IX. LEÇON.

L'ALLEMAGNE.

Demande. *QU'eſt-ce que l'Allemagne ?*

Réponse. L'Allemagne eſt un Empire compoſé de beaucoup de Principautez & de Seigneuries, qui ſe diviſent ordinairement en dix Cercles.

D. *Quels ſont ces Cercles ?*

R. Ce ſont ceux d'Autriche, de Baviere , de Souabe, de Franconie, de haute Saxe, de baſſe Saxe, de Weſtphalie, du bas Rhin ou des quatre Electeurs ; du haut Rhin & de Bourgogne.

D. *Qu'eſt-ce que le Cercle d'Autriche ?*

R. Le Cercle d'Autriche qui eſt le plus étendu des Cercles de l'Empire, contient les Païs hereditaires de la Maiſon d'Autriche ; ſçavoir l'Archiduché d'Autriche , & les Duchés de Stirie, Carinthie & Carniole, avec les Evêchés de Trente & de Brixen, & quelques autres Principautés.

D. *Quelles Principautés contient le Cercle de Baviere ?*

R. Ce Cercle outre le Duché & Electorat de Baviere, & le haut Palatinat, contient encore l'Archevêché de Salzbourg, les Evêchés de Freysingue, de Ratisbonne, de Passau & de Chiemsee: la Prevôté de Berchtolsgalde, le Duché de Neubourg, la Principauté de Sultzbach, & quelques autres Etats.

D. *Quelles Principautés sont comprises dans le Cercle de Souabe?*

R. Le Cercle de Souabe comprend le Duché de Wirtemberg, les Marquisats de Baden, les Principautés de Hohenzollern & de Furstenberg: l'Abbaye de Kempten, la Prevôté d'Elwagen & d'autres Etats moins considerables.

D. *Quelles sont les Principautés du Cercle de Franconie?*

R. Ce sont les Evêchés de Bamberg, de Wirtzbourg & d'Aichstet; les Etats du Grand-Maître de l'Ordre Teutonique, les Marquisats de Culemback & d'Anspach, quelques

Comtés, avec la ville & territoire de Nuremberg.

D. *Quels sont les Etats du Cercle de la haute Saxe ?*

R. Ce Cercle contient le Duché & Electorat de Saxe, le Marquisat & Electorat de Brandebourg. Dans le premier sont compris le Marquisat de Misnie, le Landgraviat de Thuringe & la Principauté d'Anhalt, & divers Etats des autres branches de la maison de Saxe, avec la Pomeranie.

X. LEÇON.

Suite de l'Allemagne.

Demande. *QUels Etats comprend le Cercle de basse Saxe ?*

Réponse. Il comprend le Duché & Electorat d'Hannovre, les Duchés de Brunswick, de Lunebourg, d'Holstein, de Meckelbourg, de Saxe Lavenbourg, de Magdebourg, & de Bremen, avec la Principauté d'Halberstat & l'Evêché d'Hildesheim.

D. *Que contient le Cercle de Vvestphalie?*

R. Ce Cercle contient les Evêchés de Munster, de Liege, d'Osnabruck & de Paderborn : les Duchés de Juliers, de Cleves & de Berg: les Principautés de Ferden, de Minden & d'Oostfrise avec les Comtés de la Mark, de Nassaw, d'Oldenbourg, & quelques autres, aussibien que les Abbayes de Corwey & de Stablo.

D. *Quels sont les Etats du Cercle du bas Rhin?*

R. Ces Etats sont les Archevêchés & Electorats de Mayence, de Treves & de Cologne avec le Duché de Westphalie qui dépend de ce dernier ; l'Electorat & Palatinat du Rhin, avec plusieurs autres petits Etats.

D. *Quelles sont les Principautés*

du Cercle du haut Rhin?

R. Ce ſont le Lantgraviat de Heſſe, le Duché de Deux Ponts, la Veteravie, les Comtés de Hanau, de Waldek & quelques autres, avec les Evêchés de Worms, de Spire & de Baſle, & les Abbayes de Fulde & de Pruym. On y joint auſſi le Comté de Montbelliard, qui n'eſt d'aucun Cercle.

D. *Le Cercle de Bourgogne ſubſiſte-t-il toûjours?*

R. Ce Cercle qui ne ſubſiſte plus comprenoit la Franche Comté & les XVII. Provinces des Pays-bas: mais la Franche Comté eſt à la France, auſſi-bien que pluſieurs des XVII. Provinces, & ſept autres ſont indépendantes de l'Empire.

XI. LEÇON.

Suite de l'Allemagne.

Demande. Q*Uelles ſont les principales Villes de l'Allemagne?*

Réponse. Quoique l'Allemagne n'ait pas proprement de Ville Capitale, elle a neanmoins beaucoup de villes considerables, & par leur étendue, & par leurs richesses.

D. *Marquez-nous les plus considerables de ces Villes?*

R. Ce sont Vienne dans la basse Autriche & résidence des Empereurs de la maison d'Autriche, Mayence, Tréves & Cologne, qui sont les Chefs-lieux des 3. Electorats Ecclesiastiques: Munick Capitale de la Baviere, Dresden de la Saxe; Berlin du Brandebourg; Heidelberg du Palatinat, & Hanovre qui l'est de l'Electorat de ce nom.

D. *L'Allemagne n'a-t'elle pas encore d'autres Villes considerables?*

R. Elle a encore d'autres villes libres & Imperiales, qui sont autant de Republiques sous la protection de l'Empereur & de l'Empire. Les principales ſont Hambourg, Cologne, qui eſt indépendante de ſon Electeur, Auſbourg, Nuremberg Francfort ſur le Mein, Lubeck, Ratiſbonne, Hailbron & quelques autres.

D. *N'y a-t'il pas encore d'autres Villes remarquables ?*

R. On trouve encore dans l'Empire, Bremen, Magdebourg, Brunſvvik, Leypſic, Munſter, Liege, Wirtzbourg, Bamberg, Stetin, Duſſeldorp & beaucoup d'autres, ſoumiſes à divers Princes de l'Empire.

D. *Quelles ſont les Rivieres de l'Allemagne ?*

R. Ces Rivieres ſont le Danube qui traverſe la plus grande partie de l'Allemagne; le Rhin qui lui ſert quelquefois de bornes du côté de la France; l'Elbe qui prend ſa ſource dans la Bohême; l'Oder qui naît ſur les frontieres de la Moravie & de la Sileſie. La Meuſe prend ſa ſource en France, & la Moſelle en Lorraine.

D. *Quelle eſt la Religion dominante de l'Allemagne ?*

R. Les trois Religions, la Catholique, la Lutherienne, & la Reformée ou Calviniſte ont cours dans l'Empire d'Allemagne. Les Juifs n'y ſont que tolerés. La Religion Catholique eſt dominante dans les Etats hereditaires de la Maiſon d'Autriche ; dans la Baviere, le Palatinat, les trois Electeurs Eccleſiaſtiques, les Princes Evêques ou Abbez ; & en quelques Villes Imperiales.

D. *Dans quels Etats la Religion Lutherienne & la Reformée ſont-elles dominantes ?*

R. La Communion Lutherienne qui eſt née en Allemagne l'an 1517. eſt ſuivie dans les Cercles de haute & baſſe Saxe, dans une partie de ceux de Weſtphalie, de Souabe & du haut Rhin. La troiſiéme qui eſt la Reformée née en France vers l'an 1530. est professée dans les Etats du Landgrave de Hesse-Cassel, du Comte de Hanau dans le Brandebourg & dans la Ville Imperiale de Bremen.

XII. LEÇON.

DE LA SUISSE.

Demande. *Qu'est-ce que la Suisse?*

Réponse. La Suisse est un Corps, composé de treize Cantons, qui forment autant de Republiques particulieres, qui ont ensemble ou des Alliés, ou des Sujets.

D. *Comment divisez-vous la Suisse?*

R. En Suisse propre, qui contient les treize Cantons; en Alliez des Suisses, en Sujets des Suisses, & en Sujets de leurs Alliés.

D. *Marquez-nous quels sont ces Cantons.*

R. Ce sont ceux de Zurich, de

Berne, de Lucerne, d'Ury, de Schwitz, d'Underwald, de Zug, de Glaris, de Basle, de Fribourg, de Soleure, de Schafouse & d'Appensel; qui tous ont une Ville ou un Bourg pour Capitale.

D. *Quels sont les Alliez des Suisses?*

R. Les Alliés des Suisses sont l'Abbé de S. Gal, avec sa Ville, les Grisons, le Valais, l'Evêque de Basle, les Villes de Mulhausen en Alsace, de Bienne, & de Geneve, avec les Comtez de Neufchâtel & de Vallengin.

D: *Quels sont les sujets des Suisses?*

R. Ce sont les Comtez de Baden, les Bailliages de Bremgarten & de Mellingen, avec le Turgaw, le Reinthal, les quatre Bailliages d'Italie & quelques autres Seigneuries.

D. *Qui sont les Sujets des Alliez?*

R. Les Sujets des Alliez de la Suisse sont la Valteline, le Comté de Chiavenne, le Comté de Bormio, le Toggembourg & le bas Valais.

D. *Quelles sont les Villes les plus remarquables de la Suisse?*

R. Ces Villes sont Zurich, Basle, Berne, Lucerne, Fribourg, Soleure, Geneve & Lausanne, dont les six premieres sont capitales de six Cantons.

D. *Que remarquez-vous encore dans la Suisse?*

R. On y remarque les Lacs de Geneve, de Constance, de Neufchâtel & de Zurich; aussi bien que le Rhin, le Rhosne, l'Inn, l'Adda & le Tesin, Rivieres considerables, qui y prennent leur source dans les montagnes des Alpes, presque toutes occupées par les Suisses.

D. *Quelle est la Religion dominante de la Suisse?*

R. Il y a en Suisse deux Religions, sçavoir, la Catholique & la Reformée : la premiere dans sept petits Cantons, la Reformée dans ceux de Zurich, Berne, Basle, & Schafhouse ; mais Glaris & Appenzel autorisent les deux Communions.

A la fin de la seconde semaine on doit faire la répetition des six dernieres Leçons.

XIII. Leçon.

DE LA FRANCE.

Demande. *Comment divisez-vous la France ?*

Réponse. La France qui est un Royaume successif, se divise de plusieurs manieres, soit par Gouvernemens Generaux Militaires, soit par Generalitez ou Intendances, soit même par Jurisdiction des Parlemens, soit enfin par Provinces Ecclesiastiques.

D. *Divisez la France par Gouvernemens Generaux?*

R. Il y a en France actuellement trente-huit Gouvernemens generaux ; sçavoir treize dans la partie septentrionale ; quatorze dans la partie du milieu, & onze dans la méridionale.

D. *Marquez les treize Gouvernemens de la partie septentrionale?*

R. Ces Gouvernemens sont ceux de Paris, qui comprend la Ville, Prevôté & Vicomté de Paris : de l'Isle de France ; de Picardie & Artois : de Boulenois ; de Flandres, de Normandie, du Havre de Grace, de Champagne, Sedan & Pays en dépendans ; de Metz & Province de la Sarre ; de Verdun, de Toul, & d'Alsace.

D. *Qui sont les quatorze Gouvernemens de la partie du milieu?*

R. Ces Gouvernemens sont ceux de Bretagne, d'Anjou : de Saumur & Saumurois ; du Maine & Perche ; de Touraine, de Poitou, Pays d'Aulnis, de Berry, d'Orleanois ; de Nivernois, de Bourbonnois, d'Auvergne, de Bourgogne & celui de Franche-Comté.

D. *Qui ſont les onze Gouvernemens de la partie méridionale ?*

R. Ce ſont le Saintonge & Angoulmois ; la Marche ; le Limoſin ; le Lyonnois ; la Guyenne ; Navarre & Bearn ; Foix & Doneſan ; Languedoc ; Dauphiné ; Provence ; & Rouſſillon.

D. *Comment diviſez-vous la France par Generalitez ?*

R. La France ſe diviſe actuellement en trente & une Generalitez ou Intendances, dont onze dans la partie ſeptentrionale ; dix dans la partie du milieu ; & dix dans la partie méridionale.

D. *Marquez les onze Generalitez de la partie ſeptentrionale ?*

R. Ce ſont celles de Paris, de Picardie & Artois ; de Flandres ; de de Haynault ; de Rouen ; de Caen ; d'Alençon ; de Soiſſons ; de Champagne ; de Metz, & celle d'Alſace.

D. *Marquez les dix Generalitez de la partie du milieu?*

R. Ce ſont celles de Bretagne, de Tours, de Poitiers, de la Rochelle, de Bourges ; d'Orleans, de Moulins, de Riom, de Bourgogne, & celle de Franche-Comté.

D. *Qui ſont les dix Generalitez de la partie méridionale?*

R. Ce ſont celles de Limoges, de Lyon, de Bourdeaux, d'Auſch, de Montauban, de Toulouſe, de Montpellier, de Grenoble, de Provence & celle de Rouſſillon.

D. *N'y a-t-il pas encore d'autres diviſions de la France?*

R. La France ſe peut encore diviſer par Provinces Eccleſiaſtiques ; par Chambre des Comptes ; par Parlemens, en Pays d'Elections &

en Pays d'Etats ; mais toutes ces divisions ne ſont pas d'uſage dans la Geographie.

XIV. LEÇON.

Suite de la France.

Demande. *Quelle eſt la Religion reçûe en France?*

Réponſe. La ſeule Religion reçûë en France eſt la Catholique Romaine : la Reformée ou Calviniſte qui s'y étoit établie à main armée dans le XVIe ſiecle y a été défenduë dans le XVIIe, mais il ſe trouve encore quelques Juifs tolerez à Mets, dans l'Alſace, à Bayonne, & même à Avignon comme Terre du Pape.

D. *Quelles Montagnes remarquez-vous en France?*

R. Outre les Monts Pyrenées qui ſéparent la France d'avec l'Eſpagne ; les Alpes qui la ſéparent de l'Italie ; les Montagnes de Voſges ſur les frontieres de la Franche-Comté & de l'Alſace. On trouve encore de hautes Montagnes en Auvergne & dans les Cevennes.

D. *Quelles ſont les plus grandes Rivieres de France?*

R. Ce ſont au ſeptentrion la Some qui arroſe toute la Picardie; la Marne qui traverſe toute la Champagne & la Brie; la Seine qui vient de la Bourgogne, paſſe à Paris & va ſe perdre dans la mer, après avoir arroſé une partie de la Normandie.

D. *Quelles ſont les autres Rivieres de France?*

R. Ce ſont la Loire qui naît dans le Vivarais, & tombe dans la mer au deſſous de Nantes; le Cher, l'Indre & la Vienne qui ſe perdent dans la Loire; le Rhoſne qui vient de la Suiſſe ſe perdre avec beaucoup de rapidité dans le Golfe de Lyon & la Saone, l'Arche & la Durance qui ſe rendent dans le Rhoſne.

D. *N'y a-t'il pas encore en France d'autres grandes Rivières ?*

R. Il y a encore la Garonne, qui naît dans les Pyrenées, reçoit l'Aveyron & le Lot : la Dordonne, dans laquelle se décharge Lille, va se joindre à la Garonne au dessous de Blaye, pour tomber ensuite dans le grand Ocean près de la Tour du Còrdouan.

D. *Toutes ces Rivieres sont-elles navigables ?*

R. Elles le sont toutes, tant en descendant qu'en remontant ; à l'exception du Rhosne, qu'on ne remonte que très-difficilement. On a même fait un Canal en Languedoc pour la communication des mers, qui prend au dessous de Toulouse, & va tomber dans la mer méditerrannée, soit à Agde, soit auprès de Narbonne.

XV. LEÇON.

Suite de la France.

Demande. *De toutes les divisions de la France, quelle est la plus fixe pour la Geographie ?*

Réponse. Celle des Generalitez ou Intendances, paroît la plus certaine, parce qu'elle est sujette à moins de changemens, : on y a attaché des Charges de finances. Celle des Gouvernemens generaux a changé très-souvent, parce qu'on les multiplie & divise quand on le juge à propos.

D. *Détaillez les Generalitez de France dans l'ordre que vous les avez nommées ?*

R. La Generalité de Paris se met la premiere pour la Dignité de la Ville Capitale du Royaume. Elle est décorée d'un Archevêché, d'un Parlement qui est le premier du

Royaume, & qui est la Cour des Pairs, d'une Chambre des Comptes & de toutes les Jurisdictions necessaires, avec une Université la plus celebre du monde.

D. *Qu'y a-t-il de remarquable dans la Ville de Paris ?*

R. Tout en est remarquable. Elle passe pour la Ville la plus peuplée de l'Europe, la plus magnifique pour ses Hôtels, ses Palais, & ses Ponts, dans une situation très-heureuse, & la plus affable pour le caractere liant & bienfaisant de ses habitans.

D. *Combien y a-t-il d'Elections dans la Generalité de Paris ?*

R. Il y en a vingt-deux, dont huit sans compter celle de Paris, sont au nord, & treize au midi de la Seine ; les premieres sont Beauvais, Compiegne, Senlis, Pontoise, Meaux, Coulomiers, Rosoy, & Provins.

D. *Qui sont les Elections au midi de la Seine ?*

R. Ce ſont celles de Montereau-faut-Yonne, Melun, Nogent ſur Seine, Sens Ville Archiepiſcopale, Joigni, Saint Florentin, Tonnerre, Vezelai, Nemours, Eſtampes, Montfort-l'Amauri, Dreux & Mantes.

D. *Que contient la Generalité d'Amiens ?*

R. Elle comprend une partie de la Picardie avec l'Artois; cette partie de la Picardie eſt contenue en ſix Elections; ſçavoir, celles d'Amiens belle & grande Ville aſſez commerçante; d'Abbeville Ville aſſez marchande, de Dourlens, de Peronne, de Saint Quentin Places fortes & grands paſſages, & de Montdidier.

D. *Que comprend la Province d'Artois ?*

R. Cette Province qui eſt un Pays d'Etats ſe diviſe en Gouvernance d'Arras & en huit Bailliages qui ſont ceux de S. Omer, de Bethune, d'Aire, de Bapaume, d'Heſdin, de Lens, de Saint Paul, & de Lillers.

D. *N'y a-t'il point encore quelque Pays ſous la Generalité d'Amiens?*

R. On y joint le Boulenois Comté celebre dont la Capitale eſt Boulogne, Ville Epiſcopale ſur la mer, & le Pays reconquis où eſt Calais grand paſſage de France en Angleterre, Guines & Ardres.

XVI. LEÇON.

Suite de la France.

Demande. *Diviſez la Generalité de Flandres.*

Réponſe. Cette Generalité qui contient une partie du Comté de Flandres, ancienne Pairie du Royaume, ſe diviſe en treize Subdelegations, dont cinq ſont au levant

vant de la Lys, & huit ſont au couchant de cette riviere.

D. *Marquez ces Subdelegations.*

R. Les cinq qui ſont au levant de la Lys ſont Lille, grande Ville, bien bâtie & bien fortifiée, très-riche & très-commerçante, Douay où eſt une celebre Univerſité, & Saint Amand riche Abbaye, Cambray Ville forte avec un riche Archevêché, & Bouchain. Les huit Subdelegations au couchant de la Lys ſont Dunkerque autrefois très-floriſſante, Bergues-Saint-Vinox, Bourbourg, Graveline, Caſſel, Hazebrouck, Merville & Bailleul.

D. *Expliquez la Generalité de Haynaut.*

R. Cette Generalité comprend dix Villes, Gouvernemens ou Prevôtez particulieres, ſçavoir, Valenciennes, Condé, Maubeuge, le Queſnoy, Bavay, Landrecy,

Avesnes, Charlemont, Philippe-ville & Marienbourg.

Que remarquez-vous de considerable dans ces Villes?

R. Elles sont presque toutes remarquables; Valenciennes par ses fortifications & son commerce de belles dentelles; Maubeuge par son Chapitre de Chanoinesses très-nobles, & les autres Villes par leurs fortifications, à l'exception de Bavay & de Marienbourg, qui sont démolies.

D. *Comment divisez-vous la Normandie?*

R. Cette Province qui a titre de la seconde Duché-Pairie du Royaume, est l'une des plus riches & des plus considerables du Royaume: elle se divise en trois Generalitez, sçavoir celles de Roüen, de Caën & d'Alençon.

D. *Combien y a-t-il d'Elections dans la Generalité de Roüen.*

R. Cette Generalité qui est très-considerable, contient 14. Elections, dont dix sont au nord de la Seine, & quatre au midi. Celles du nord sont Roüen, grande Ville très-marchande & très-riche, Caudebec, Montivilliers, Arques; Eu Comté & Pairie, Neufchâtel, Lyons, Andely, Gisors, Chaumont & Magni joints ensemble: au midi sont les Elections d'Evreux, Pont-de l'Arche, Ponteau de mer; & Pont l'Evêque.

D. *Combien y a-t-il d'Elections dans la Generalité de Caën?*

R. Il y en a neuf qui comprennent toute la basse Normandie, qui sont celles de Caën, grande Ville, avec une Université; Bayeux, Ville Episcopale; Carentan, Valognes, Coutances, Avranches, Villes Episcopales, Vire, S. Lo, & Mortain.

D. *Comment divise-t-on la Generalité d'Alençon?*

R. On la divise aussi en neuf Elections, qui sont celles d'Alençon où l'on commerce en toiles, Domfront, où il y a plusieurs Foires franches, Falaise, celebre par sa Foire de la Guibrai qui commence le 16. Aoust, & dure huit jours; Argentan, Lizieux, Ville Episcopale, Bernay, Conches, Mortagne & Verneüil dans le Perche.

D. *Que comprenez-vous dans la Generalité de Soissons?*

R. Soissons dont la Generalité n'est pas fort étenduë, contient sept Elections, qui sont celles de Soissons, de Laon, Duché-Pairie, de Noyon, Comté-Pairie; toutes trois Villes Episcopales; avec celles de Guise, de Clermont, Comté fameuse, de Crespi, & de Château-Thierry dans la Brie.

XVII. LEÇON.

Suite de la France.

Demande. *Divisez la Generalité de Champagne?*

Reponse. Cette Province qui a eu

autrefois des Comtes celebres dans l'Hiſtoire, eſt fort étenduë du nord au ſud ; elle ſe diviſe en 12 Elections, dont ſix ſont au nord, & ſix au midi de cette Generalité.

D. *Marquez ces Elections.*

R. Celles de la partie ſeptentrionale de cette Generalité ſont, Châlons, Siege Epiſcopal, & grande Ville, avec titre de Comté-Pairie ; Rethel, Sainte-Menehould, Rheims Ville Archiepiſcopale, & la premiere Pairie du Royaume, Eſpernay, Sezanne en Brie, avec la Principauté de Sedan, autrefois à la Maiſon de la Marck, puis à celle de la Tour d'Auvergne, & maintenant unie à la France par échange.

D. *Marquez les Elections de la partie méridionale.*

R. Ce ſont celles de Vitri le François, où il ſe fait un aſſez grand commerce de grains, de Joinville, de Troye, où l'on commerce en toiles, de Bar ſur Aube, Chaumont

& Langres, Ville Episcopale, & Duché-Pairie.

D. *Que comprenez-vous sous la Generalité de Metz?*

R. On y comprend Metz, Ville grande & forte, le Pays Messin, la temporalité de l'Evêché de Metz, l'Evêché de Verdun & celui de Toul, le Duché de Carignan, la Prevôté de Longvvi; Thionville, la Province de la Saare, Lisle, Saulnoy & Gorze, où est une celebre Abbaye.

D. *Quelles Villes considerables contient cette Generalité.*

R. Outre Metz où est le Siége d'un riche Evêché & d'un Parlement; on trouve encore Verdun sur la Meuse, Ville Episcopale assez grande & assez forte; Toul passablement grande avec le Siége d'un Evêque; Saar-Loüis place très-forte, Longvvi démembré de la Lorraine, Thionville bonne place, & Damvillier.

D. *Que comprend la Generalité d'Alſace ?*

R. Elle contient la haute, la baſſe Alſace, & le Sundgavv, Province très-conſiderable qui eſt à la France depuis 1648, & que le Rhin ſépare de l'Allemagne, dont elle faiſoit autrefois partie.

D. *Que comprenez-vous dans la haute Alſace ?*

R. Cette partie contient Colmar, où eſt le Conſeil ſuperieur de la Province, Enſisheim, Rufach, Murback, Maſmunſter, le Neuf Briſac & le Sundgavv, qui tient à la haute Alſace, renferme Ferrette, Beffort & Huningue bonne Forteresse ſur le Rhin, avec Mulhauſen, Ville alliée des Suiſſes.

D. *Que contient la baſſe Alſace ?*

R. Cette partie plus conſiderable & plus fertile que la haute Alſace contient Straſbourg grande & belle Ville, bien fortifiée, & Capitale de toute la Province, Saverne avec un beau Château à l'Evêque de Strasbourg; Haguenau, le Siége du Grand Bailli d'Alsace: Schelestat & Landau Ville très-forte, Fort-Loüis place forte dans une Isle du Rhin.

XVIII. LEÇON.

Suite de la France.

Demande. *EXpliquez maintenant les Generalités de la partie du milieu de la France.*

Reponse. Je commence par la Bretagne, l'une des plus belles & des plus riches Provinces du Royaume. Cette Province qui a eu des Ducs celebres dans l'Histoire, est un Pays d'Etats, & se divise en haute & en basse Bretagne, qui comprennent neuf Evêchez ou recettes.

D. *Marquez ces Evêchez.*

R. Ces Evêchez sont ceux de Rennes, Capitale de la Province, avec le Siége d'un Parlement, S. Brieux, Saint Malo, Ville très marchande avec un bon Port de mer, Dol, Treguier, S. Paul de Leon, Quimper, Vannes & Nantes ſur la Loire, Ville très-riche par ſon commerce.

D. *Que remarquez-vous encore de conſiderable dans cette Province?*

R. Cette Province qui eſt très-riche, doit ſa richeſſe à ſon commerce & à ſa ſituation, étant preſque environnée de la mer; Breſt à l'extrémité de la baſſe Bretagne eſt un des meilleurs Ports de l'Europe, auſſi bien que Port-Loüis: le Croiſic & le Port d'Orient ſervent de retraite aux Vaiſſeaux de la Compagnie des Indes.

D. *Comment diviſez-vous la Generalité de Tours?*

R. Cette Generalité qui eſt très-étenduë, ſe diviſe en ſeize Elections, dont huit ſont au nord de la riviere de Loire, & huit ſont au midi.

D. *Qui ſont les Elections du Nord de la Loire.*

R. Mayenne, avec titre de Duché, Laval, le Mans, Ville Epiſcopale, Capitale de la Province du Maine; Château du Loir, Angers, Ville & Evêché, avec une Univerſité, Château-gontier, la Fleche, avec un celebre College de Jeſuites, & Baugé.

D. *Qui ſont les Elections du midi de la Loire?*

R. Ce ſont celles de Tours, Ville Archiépiſcopale, où ſe trouve une Manufacture d'Etoffes de ſoye; Amboiſe, Ville très-privilegiée, où eſt un vieux Château Royal, Loches, Chinon, Saumur, Montreüil-Bellay, Loudun & Richelieu, jolie Ville bâtie par le Cardinal de ce nom; elle a titre de Duché-Pairie.

D. *Combien comptez-vous d'Elections dans la Generalité de Poitiers?*

R. Il y en a neuf, ſçavoir celle de

Poitiers, grande Ville très-mal peuplée, avec le Siége d'un Evêque. Saint Maixant, Nyort, Ville très-marchande; Fontenai-le-Comte, Thoüars, Mauleon, les Sables d'Olonne, gros Bourg assez marchand, avec un Port de mer, Châtelleraut, celebre par sa Coutellerie, & Confolens.

D. *Que contient la Generalité de la Rochelle?*

R. Cette Generalité, l'une des plus petites du Royaume, contient cinq Elections, sçavoir, celle de la Rochelle, Ville très-fameuse & très-commerçante avec un bon Port; Saintes, Ville Episcopale, Saint Jean d'Angely, Marenne & Coignac, celebre par ses Eaux de vie. On trouve encore Rochefort, Ville nouvelle & Port celebre avec les Isles de Rhé & d'Oleron.

Repetition des six Leçons.

XIX. LEÇON.

Suite de la France.

Demande. *FAites connoître la Generalité de Bourges.*

Reponſe. Cette Generalité eſt compoſée de ſept Elections, qui ſont Bourges, capitale de la Province, avec un Archevêché & une Univerſité; Iſſoudun, Châteauroux, le Blanc & la Châtre, toutes dans le Berri, avec Saint Amand en Bourbonnois, & la Charité ſur Loire dans le Nivernois.

D. *Combien y a-t-il d'Elections dans la Generalité d'Orleans?*

R. On trouve dans cette Generalité, qui eſt aſſez étenduë, pluſieurs petites Provinces, comme l'Orleanois, la Beauce, le Blaiſois, le Vendomois & le Gatinois, qui compoſent en tout douze Elections.

D. *Qui ſont ces douze Elections?*

R. Ce ſont en les prenant par le nord, celles de Chartres, de Dourdan, de Pithivier, de Châteaudun, d'Orleans, de Beaugenci, de Blois, de Vendôme, de Romorentin, de Montargis, de Gien avec Clameci dans le Nivernois.

D. *Qui ſont les Villes les plus diſtinguées de cette Generalité?*

R. Ces Villes ſont Orleans, Ville très-riche & très-marchande; avec Evêché & l'appanage du ſecond fils de France, Chartres, Ville ancienne, avec Evêché, Blois, Ville fort jolie, avec un Siége Epiſcopal, établi ſur la fin du XVII. ſiécle, à la ſollicitation de Loüis XIV.

D. *Combien trouve-t-on d'Elections dans la Generalité de Moulins?*

R. La Generalité de Moulins qui contient le Bourbonnois avec quelques démembremens du Nivernois & de quelques autres petites Provinces, renferme ſept Elections, qui ſont celles de Moulins, Nevers,

Château-Chinon, Gueret dans la Marche, Montluçon, Evaux en Combrailles & Gannat.

D. *Que remarquez-vous encore dans cette Generalité?*

R. Outre Moulins qui est une Ville assez grande & assez belle, on trouve encore Bourbon l'Archambaud, qui a donné son nom à la Province & à la branche qui regne aujourd'hui: Nevers qui est une assez grande Ville & le Siége d'un Evêché.

D. *Divisez la Generalité de Riom?*

R. Cette Generalité qui comprend presque toute l'Auvergne, pays rempli de montagnes, ne contient que six Elections, deux dans la haute Auvergne, sçavoir, Saint Flours, Ville Episcopale, & Aurillac, & quatre dans la basse Auvergne, qui sont Riom, Clermont, Evêché, Issoire & Brioude.

D. *Que remarquez-vous de con-*

ſidérable dans cette Generalité ?

R. La baſſe Auvergne, où eſt ce qu'on appelle la Limagne, eſt aſſés fertile; fait un aſſés grand commerce de Papiers, de Tapiſſeries & autres denrées. Elle envoye beaucoup de Mulets dans les autres Provinces.

XX. LEÇON.

Suite de la France.

Demande. *EXpliquez maintenant la Generalité de Dijon.*

Réponſe. Cette Generalité comprend tout le Duché de Bourgogne, qui eſt un Pays d'Etats, & la premiere Pairie du Royaume, c'eſt l'une des plus belles & des plus riches Provinces du Royaume, tant par ſon étenduë que par la bonté de ſes vins : elle ſe diviſe en cinq grands Baillages.

D. *Qui ſont ces Baillages ?*

R. Ce ſont ceux de Dijon, d'Auxerre, où est Autun, de Châlons, de Mâcon, toutes Villes Episcopales, avec le grand Baillage de Bresse.

D. *N'y a-t-il pas encore une autre division de cette Generalité ?*

R. Elle se divise encore en dix-neuf petits Baillages & trois Elections. Ces Baillages sont ceux de Dijon, de Bar-sur-Seine, de Châtillon-sur-Seine, de Nuits, de Beaulne, de S. Jean de Losne & d'Auxonne, puis ceux d'Auxerre, d'Avalon, de Saulieu, de Semur en Auxois, d'Arnay-le-Duc, d'Autun, de Bourbon Lanci, de Montcenis, de Charolles, de Semur en Brionnois, de Châlons & de Mâcon.

D. *Quelles sont les trois Elections de la Generalité de Dijon ?*

R. Ces Elections sont celles de Bresse, Bugey & Valromey Pays autrefois à la Savoye : mais échangés en 1601. par Henry IV. pour le le Marquisat de Saluces, avec l'Election de Gex. Ces Elections ont été unies au Gouvernement & à la Generalité de Bourgogne, & font une espece de Pays d'Etats.

D. *Quelles sont les Villes principales de cette Generalité?*

R. Dijon qui en est la Capitale est une Ville riche, grande & bien peuplée, & le Siege d'un Parlement & même d'un Evêché établi depuis peu d'années. Auxerre, Autun, Châlons, Mâcon & le Bellay sont des Villes Episcopales. Bourg est la Capitale de la Bresse, & Bourbon Lanci est connu par ses Eaux minérales.

D. *N'y a-t-il pas quelque Principauté enclavée dans cette Generalité?*

R. On y trouve la Principauté souveraine de Dombes, qui se divise en plusieurs Châtellenies, & dont les Villes principales sont Thoissey, S. Trivier de Dombes

& Trevoux, qui en eſt la Capitale.

D. *Comment diviſez-vous la Franche-Comté ?*

R. La Franche-Comté ou Comté de Bourgogne eſt une Province que le Roy Loüis XIV. a conquiſe deux fois ſur les Eſpagnols. Elle ſe diviſe de deux manieres ; ou en quatre grands Baillages , ou en quatorze petits Baillages.

D. *Marquez la premiere diviſion.*

R. Les quatre grands Baillages ſont ceux d'Amont ou de Gray ; de Beſançon, du Milieu ou de Dole ; & d'Aval ou de Salins, dont chacun ſe diviſe encore en pluſieurs autres Baillages particuliers.

D. *Diviſez la Franche-Comté en ſes quatorze petits Baillages.*

R. De ces quatorze Baillages il y en a ſept au Nord & ſept au midi. Les premiers ſont ceux de Beſançon Capitale de la Province & le Siege d'un Archevêché & d'un Parlement : de Gray, de Vesoul, de Baume, de Dole, d'Ornans & de Quingey, qui portent le nom de leurs Villes principales.

D. *Qui sont les sept Baillages du midy de la Franche-Comté ?*

R. Ces Baillages sont ceux de Salins, celebre par ses salines, Arbois renommé pour ses bons vins, Pontarlier, Lons le Saunier, Poligni, Orgelet & la Judicature de Saint Claude, avec des Villes du même nom.

XXI. LEÇON.

Suite de la France.

Demande. E*Xpliquez les Generalités de la partie méridionale de la France.*

Réponse. La Generalité de Limoges que je mets la premiere, se divise en cinq Elections, sçavoir, celle de Limoges Ville Episcopale assés marchande, Tulles, avec le Siege d'un Evêque, Brive, nommée la Gaillarde, pour la beauté de sa situation, Bourganeuf dans la Marche, & Angoulême Ville Episcopale, Capitale de l'Angoumois.

D. *Que contient la Generalité de Lyon?*

R. La Generalité de Lyon qui est un pays assés fertile & commerçant, ne contient aussi que cinq Elections, qui sont celles de Lyon, de S. Etienne, de Montbrison, de Roanne & de Ville-Franche en Beaujolois.

D. *Que remarquez-vous de considerable dans cette Generalité?*

R. La Ville de Lyon est l'une des plus considérables du Royaume, soit par son Eglise à laquelle est attachée la Primatie de la plus grande partie des Eglises de France, soit par son commerce l'un des plus considerables de l'Europe, soit enfin par ses Manufactures qui se répandent en France & dans les Pays Etrangers.

D. *Qui ſont les autres choſes remarquables de la Generalité de Lyon?*

R. Saint Etienne eſt diſtingué par la fabrique des armes & par pluſieurs autres ouvrages de fer & d'acier, Montbriſon Capitale du Forez eſt une aſſés bonne Ville. C'eſt à Roanne que la Loire commence à être navigable, & Ville-franche n'a de conſidérable que d'être la Capitale du Beaujolois.

D. *Que comprent-on ſous la Generalité de Bordeaux?*

R. La Generalité de Bordeaux qui eſt aſſés fertile, ne contient que cinq Elections, ſçavoir, celles de Bordeaux Capitale de toute la Guienne, de Perigueux, de Sarlat, d'Agen & de Condom. Ces quatre dernieres Villes ont le titre d'Evêché, & Bordeaux a celui d'Archevêché.

D. *Que trouve-t-on de remarquable dans cette Generalité?*

R. Bordeaux Ville extrêmement commerçante ſur la Garonne, reçoit les plus gros Vaiſſeaux Marchands. Elle eſt le Siege d'un Archevêque, d'un Parlement, & d'une Univerſité. Blaye, Coutras, Libourne & Langon ſont auſſi des lieux aſſés conſiderés.

D. *Que remarquez-vous encore dans la Generalité de Bordeaux?*

R. Perigueux eſt une aſſés bonne Ville, Capitale du Perigord avec le Siege d'un Evêque; Sarlat, Ville Epiſcopale, n'eſt pas ſi conſiderable, non plus que Bergerac; Agen & Condom ſont d'aſſés bonnes Villes Epiſcopales, Baſas a le titre d'Evêché, & Nerac eſt la Capitale du Pays d'Albret.

XXII. LEÇON.

Suite de la France.

Demande. *Continuez l'explication des Generalités de la partie Meridionale de la France.*

Réponſe. La Generalité d'Auſch, qui eſt fort étenduë, eſt un Pays varié & inégal; elle contient ſeize Elections ou quartiers, dont huit ſont au levant, & huit ſont au couchant de la Generalité.

D. *Qui ſont les Elections ou quartiers qui ſont au levant de la Generalité d'Auſch?*

R. Ce ſont Auſch Capitale de l'Armagnac, la Lomagne, Riviere de Verdun, Aſtarac, dont Mirande eſt le Chef-lieu, les Pays de Comminges & de Conſerans, le Nebouzan, le Comté de Bigorre, & les quatre Vallées.

D. *Qui ſont les Elections ou quartiers du couchant de la Generalité d'Auſch?*

R. Ce ſont les Landes pays ſec & ſterile, le Pays de Marſan, le Chaloſſe, le Gabardan, le pays de Labourd où eſt Bayonne, le Bearn, où eſt Pau, la baſſe Navarre, & le Pays de Soule.

D. *Qui ſont les Villes les plus diſtinguées de cette Generalité ?*

R. Ce ſont pour la partie du levant, Auſch, qui en eſt la Capitale, avec un riche Archevêché, Lectoure, Ville Epiſcopale, Lombez & S. Bertrand, toutes deux Evêchez, auſſi-bien que S. Lizier, Tarbes Evêché eſt la principale Ville du Bigorre.

D. *Quelles ſont les Villes principales de la partie occidentale de la Generalité d'Auſch ?*

R. Dax Ville & Evêché, Tartas & Albret ſont dans les Landes ; Bayonne Ville Epiſcopale très commerçante avec un aſſés bon Port. S. Jean de Luz Bourg celebre avec un Port ; Mont de Marſan & Gabaret, Pau avec un Parlement eſt la Capitale du Bearn, dont l'Eſcar & Oleron ſont les Villes Epiſcopales, & S. Jean pied-de-port eſt la Capitale de la baſſe Navarre.

D. *Que comprent-on ſous la Generalité*

Generalité de Montauban ?

R. Cette Generalité comprend deux petites Provinces, ſçavoir, le Querci & le Rouergue, composée chacune de trois Elections.

D. *Marquez ces Elections.*

R. Les Elections du Querci pays aſſés fertile, ſont Montauban, Cahors & Figeac; celles du Rouergue pays rude & ſterile ſont Ville-franche, Rodez & Milhau.

D. *Que trouve-t-on de conſiderable dans la Generalité de Montauban ?*

R. Il y a peu de choſes remarquables: Cahors Ville Epiſcopale eſt la Capitale du Querci; mais Montauban avec un Evêché, en eſt ſa meilleure Ville; Rodez eſt la Capitale du Rouergue avec le Siege d'un Evêque, Ville-franche eſt beaucoup meilleure; Vabres eſt auſſi une petite Ville Epiſcopale.

XXIII. LEÇON.

Suite de la France.

Demande. *Comment ſe diviſe le Languedoc ?*

Réponſe. Comme Gouvernement Militaire il ſe diviſe en haut & en bas Languedoc & en Pays des Cevennes ; & comme Gouvernement Civil il ſe diviſe en deux Generalités, ſçavoir celle de Toulouſe, & celle de Montpellier, qui ſont ordinairement ſous le même Intendant, & compoſent en tout vingt-trois Dioceſes.

D. *Marquez les Dioceſes de la Generalité de Toulouſe.*

R. La Generalité de Toulouſe comprend preſque tout le haut Languedoc & contient onze Dioceſes, ſçavoir, ceux de Toulouſe, d'Albi, de Lavaur, de Caſtres, de Rieux, de S. Papoul, de Mirepoix, de Carcaſſonne, d'Alet, avec partie de ceux de Montauban & de Comminge.

D. *Qui sont les Dioceses de la Generalité de Montpellier ?*

R. Cette Generalité renferme neuf Evêchés pour le bas Languedoc, & trois pour les Cevennes & le Vivarais, sçavoir pour le premier Narbonne, Saint Pons, Beziers; Agde, Lodeve, Montpellier, Nismes, Alais & Usez.

D. *Quels sont les Dioceses des Cevennes ?*

R. Les Cevennes, pays rude & montueux, renferme les Villes & Dioceses de Mande & du Puy; & le Vivarais a Viviers sur le Rhosne, qui en est la Capitale.

D. *Quelles sont les Villes remarquables du Languedoc ?*

R. Quoique la Presidence des Etats soit attachée à l'Archevêque de Narbonne; cependant la Ville ne répond point à sa dignité; Toulouse dont l'Archevêque est Vice-President des Etats, est bien plus considerable; elle a un Parlement

& une Université ; & passe pour la Capitale de la Province ; elle a eu des Comtes fort celebres dans l'histoire.

D. *Qui sont les autres Villes de cette Province ?*

R. Albi est le Siege d'un Archevêque ; Carcassonne a de belles Manufactures de draps, Limoux est celebre pour ses bons vins ; Castelnaudari est une assés belle Ville, aussi-bien que Pezenas ; Montpellier a une celebre Université pour la Medecine ; Nismes est une Ville assés marchande.

D. *Que remarquez-vous encore dans le Languedoc ?*

R. Ce qu'il y a de remarquable est que le Languedoc est un Pays d'Etats, où les Impositions, qui sont réelles & non arbitraires, se font par ordre des Députés de la Province sous le bon plaisir du Roy. L'on trouve encore dans cette Province le Canal rendu navigable le

19 May 1681, & qui joint l'Ocean à la Méditerranée.

D. *Expliquez la Generalité de Grenoble.*

R. Elle contient le Dauphiné, autrefois Pays d'Etats, dont le premier fils de France porte le nom de Dauphin, depuis l'an 1349, & se divise en haut & en bas Dauphiné, qui se partagent encore en plusieurs petits cantons, qui font en tout six Elections.

D. *Quelles sont ces Elections?*

R. Ces Elections sont celles de Grenoble, de Vienne, de Romans, de Valence, & de Montelimart sur le Rhosne, & de Gap Ville Episcopale dans le haut Dauphiné.

D. *Quelles sont les Villes principales du Dauphiné?*

R. Les Villes du haut Dauphiné sont Grenoble, qui en est la Capitale avec titre d'Evêché, Briançon sur une très-haute montagne, Ambrun Archevêché, & Gap Ville Episcopale.

D. *Quelles sont les Villes du bas Dauphiné?*

R. Les Villes du bas Dauphiné sont Vienne Archevêché sur le Rhosne, Pont-Beauvoisin, avec Valence; Die & S. Paul Tricastin, qui sont trois Villes Episcopales.

XXIV. LEÇON.

Suite de la France.

Demande. *Comment divisez-vous la Provence?*

Réponse. Cette Generalité ou Gouvernement, qui a titre de Comté, dont les Souverains ont été fort celebres, est une espece de Pays d'Etats; l'air y est doux & très-agréable; il se divise en haute & en basse Provence qui comprennent en tout douze Senechaussées, dont Aix est la Capitale.

D. *Combien y a-t-il de Sene-*

chaussées dans la haute Provence ?

R. Il y en a quatre, sçavoir, celles de Forcalquier, de Cisteron, de Digne & de Castelane, dont les Villes principales sont Forcalquier Ville & Comté, Apt avec Evêché, Cisteron & Digne Villes Episcopales, avec Senez, Riez, Glandeves, qui ont le titre d'Evêchés, & Castelane.

D. *Quelles sont les Senechaussées de la basse Provence ?*

R. Il y en a huit, sçavoir, celles de Grasse, de Draguignan, d'Hieres, de Toulon, de Brignoles, d'Aix, de Marseille & d'Arles, avec des Villes de même nom, dont les plus considérables sont, Aix Capitale de la Province, avec Archevêché & Parlement, Toulon Ville Episcopale très-forte & l'un des plus beaux Ports qu'il y ait sur la Mediterranée ; Marseille Evêché avec un Port où sont les Galeres du Roy.

D. *La Provence n'a-t-elle pas encore une autre division ?*

R. Pour la facilité des Impositions, la Provence se divise encore en vingt-trois Vigueries ou Comtés, & en terres adjacentes, ce qui contient un certain nombre de feux, c'est-à-dire, de portions de terres au moyen desquelles on est taxé.

D. *Que comprenez-vous dans le Roussillon ?*

R. Ce Gouvernement se divise en Vigueries de Perpignan, de Conflent & en Cerdaigne Françoise, dont les Villes principales sont Perpignan Ville forte avec Evêché & un Conseil Souverain; Elne autrefois Evêché, Salces & Collioures Places fortes.

D. *La Generalité de Roussillon ne comprend-elle pas quelque autre pays ?*

R. Cette Generalité comprend encore le Gouvernement de Foix, le Dounesan & le Val d'Andorre, qui sont dans les Monts Pyrenées. C'est un pays d'Etats, qui a pour Capitale Foix, dont les Comtes ont été fort celebres, & dont Pamiers est la Ville Episcopale.

D. *Quelles sont les Principautés enclavées dans la France ?*

R. Ces Principautés sont le Comtat Venaissin au Pape, où sont Avignon avec Archevêché, Vaison, Cavaillon & Carpentras Villes Episcopales. Orange est une autre Principauté avec sa Ville Episcopale ; mais réünie à la France après la mort de Guillaume III. Roy d'Angleterre. La Principauté de Dombes enclavée dans la Bresse, a Trevoux pour Capitale.

D. *La France ne possede-t-elle pas d'autres Terres ?*

R. La France possede encore beaucoup de Terres & d'Isles en Amerique, quelques Isles sur les côtes d'Afrique, & quelques Forts en Aſie dont nous parlerons dans la ſuite.

A la fin de la ſemaine faire repeter les ſix dernieres Leçons.

XXV. LEÇON.

Provinces des Pays-bas.

Demande. QU'entendez-vous par les Provinces Pays-bas?

Réponſe. Ces Provinces qui ſont au nombre de dix-ſept, ſoumiſes aujourd'hui à pluſieurs Souverains, ſont au nord de la France & au couchant de l'Allemagne. Elles ſe diviſent en Provinces-unies, en Pays-bas Autrichiens, & en Pays-bas François.

D. *Combien comptez-vous de Provinces-unies?*

R. Il y en a ſept, que l'on nomme auſſi les Etats Generaux des Provinces-unies ou d'Hollande, ſçavoir, Gueldres en partie & Zutphen, la Hollande, la Zelande,

Utrecht, Friſe, Overiſſel, & Groningue, auſquelles on joint quelques Conquêtes qui ſont le Brabant Hollandois, la Flandre Hollandoiſe, & une partie du Limbourg.

D. *Les Etats Generaux n'ont-ils pas encore d'autres Domaines?*

R. Ils poſſedent encore quelques Iſles en Amerique; mais beaucoup davantage dans l'Aſie méridionale, où ils font un très-grand commerce, par le moyen de leur Compagnie des Indes.

D. *Qui ſont les principales Villes des Provinces-unies?*

R. Ces Villes ſont Amſterdam la Ville la plus commerçante de l'Europe, Rotterdam, Leyde, Delft & la Haye qui ſont de la Province d'Hollande. Middelbourg, Fleſſingue & Ziriczée dans la Zelande, & Nimegue dans la Gueldres.

D. *Quelles ſont les autres Villes des Provinces-unies?*

R. Ce ſont Utrecht très-grande

Ville dans la Province du même nom, avec une Université, Leuvarde & Franecker dans la Frise, Deventer dans l'Overissel, & Groningue dans la Province du même nom, qui a aussi une Université.

D. *Qui sont les Villes des Conquêtes des Provinces-unies?*

R. Les Villes des Conquêtes sont Bosleduc, Grave & Breda dans le Brabant, Mastricht dans le territoire de Liege, l'une des plus fortes Places de l'Europe, l'Ecluse, & Hulst dans la Flandre, & Walkembourg dans le Duché de Limbourg.

XXVI. LEÇON.

Suite des Pays-bas.

Demande. *Qui sont les Provinces des Pays-bas Autrichiens?*

Réponse. Ces Provinces sont le Duché de Brabant, le Marquisat du S. Empire, la Seigneurie de Malines, les Duchés de Limbourg, de Luxembourg & de Gueldres en partie avec les Comtés de Flandre, de Haynault, & de Namur.

D. *Quelles ſont les principales Villes des Pays-bas Autrichiens ?*

R. Ces Villes ſont Bruxelles Capitale de toutes ces Provinces, Louvain avec Univerſité, Anvers avec Evêché, Ville très-riche & très-bien bâtie, Malines Archevêché, Limbourg, Luxembourg Ville très-forte, Ruremonde, Gand, Bruges, Oſtende, Nieuport, & Ypres, avec Mons, Namur, & Tournay.

D. *Que la France poſſede-t-elle dans les Pays-bas ?*

R. Elle y poſſede tout l'Artois, une partie de la Flandre & du Haynault, dont nous avons déja parlé.

DE LA LORRAINE.

D. *Qui ſont les Etats du Duc de Lorraine ?*

R. Ces Etats ſe diviſent en Duché de Lorraine, qui eſt une Sou-

BIBLIOTHÈQUE DE L'ARSENAL

veraineté indépendante, & en Duché de Bar, qui est un Fief mouvant de la Couronne & du Ressort du Parlement de Paris.

D. *Comment divisez-vous le Duché de Lorraine?*

R. Il se divise en Lorraine propre & en pays annexez. La Lorraine propre contient trois Bailliages, sçavoir, ceux de Nanci ou Bailliage François, de Vaudrevange ou Bailliage Allemand, & de Mirecourt ou Bailliage de Vosge.

D. *Qui sont les principales Villes de la Lorraine?*

R. Ce sont Nanci qui en est la Capitale, Luneville lieu de la résidence du Souverain, Mirecourt, Espinal, Remiremont & Vaudrevange. Les Pays annexez, sont le Comté de Vaudemont & la Seigneurie de Commercy.

D. *Divisez le Duché de Bar.*

R. Ce Duché se divise en quatre Bailliages, sçavoir, ceux de Bar, de Baſſigny, de S. Mihel, & de Clermont, où ſont les Villes de Bar, de S. Mihel, de Pont-à-mouſſon avec Univerſité, & de Clermont.

XXVII. LEÇON.

DE L'ESPAGNE.

Demande. *Diviſez le Royaume d'Eſpagne.*

Réponſe. Le Royaume d'Eſpagne ſe peut diviſer de pluſieurs manieres, 1°. En Royaume de Caſtille & en Royaume d'Arragon, 2°. En Provinces Eccleſiaſtiques, 3°. En partie ſeptentrionale, & en partie méridionale; nous ſuivrons cette derniere comme la plus uſitée.

D. *Combien la partie ſeptentrionale contient-elle de Provinces?*

R. La partie ſeptentrionale d'Eſpagne contient huit Provinces, ſçavoir, la Navarre, Leon, Caſtille vieille, Arragon, la Gallice, Principauté des Aſturies, Biſcaye

& Catalogne, dont les quatre premieres ont eu autrefois le titre de Royaume.

D. *Quelles sont les Provinces de la partie méridionale de l'Espagne?*

R. Ces Provinces au nombre de six sont la Castille nouvelle, l'Andalousie, Valence, Murcie, Grenade, dont les trois dernieres ont eu titre de Royaume, aussi-bien que les Isles Mayorque & Minorque.

D. *Quelles sont les Villes principales de l'Espagne septentrionale?*

R. Pampelune est la Capitale de la Navarre, Leon l'est de la Province du même nom, & Salamanque avec Université: la Castille vieille à Burgos, Valladolid & Segovie. L'on trouve dans l'Arragon Sarragoce Capitale & Tarraçone.

D. *Quelles sont les autres Villes de l'Espagne septentrionale?*

R. Ce sont S. Jacques de Compostel dans la Galice, Oviedo dans les

les Asturies, Bilbao & S. Sebastien dans la Biscaye: la Catalogne grande & fertile Province a pour Villes principales Barcelonne, Gironne, Lerida, Terragone & Tortose.

D. *Quelles sont les Villes principales de la partie méridionale de l'Espagne?*

R. Ces Villes sont pour la Castille nouvelle Madrit, grande, bien bâtie, & la Capitale de toute l'Espagne: Tolede autrefois Capitale avec un riche Archevêché: Alcala avec Université; l'Escurial Maison Royale des Rois d'Espagne.

D. *Marquez les autres Villes de l'Espagne méridionale.*

R. Dans l'Andalousie sont Seville, Cadix, Ville très-commerçante, Gibraltar occupée par les Anglois & Cordouë. Valence & Alicante sont dans la Valence, Murcie dans la Province de même nom avec Cartagene, Grenade & Malaga; Mallorque est la Capitale de

H

l'Isle Mayorque : Port-mahon dans l'Isle Minorque est aux Anglois.

XXVIII. LEÇON.

Suite de l'Espagne.

Demande. *Quelles sont les Provinces Ecclesiastiques de l'Espagne ?*

Réponse. Il y en a huit soumises à autant d'Archevêchés, qui sont ceux de Tolede Primat de toute l'Espagne, Burgos, Compostel, Seville, Grenade, Sarragoce, Terragone & Valence, qui ont sous eux quarante-quatre Evêques.

D. *Quelles sont les Rivieres de l'Espagne ?*

R. Les Rivieres principales de l'Espagne, qui toutes y ont leur source, sont le Minho, le Douro, le Tage, la Guadiana & le Guadalquivir qui se déchargent dans le grand Ocean ; au lieu que l'Ebre, le Xucar & la Segura se déchargent dans la Mediterranée.

D. *Quelles ſont les Montagnes de l'Eſpagne ?*

R. Ces Montagnes ſont les Pyrenées qui ſéparent l'Eſpagne d'avec la France; les Montagnes des Aſturies, & il s'en trouve encore beaucoup d'autres dans le Royaume de Leon, l'Eſtramadure, & dans la Caſtille nouvelle.

D. *Quelles ſont les Iſles de l'Eſpagne ?*

R. Les principales Iſles que poſſede l'Eſpagne, ſont les Iſles de Bayonne dans l'Ocean ſur les frontieres de Galice, avec quelques autres moins conſiderables; & dans la Méditerranée elle a encore les Iſles Mayorque, Minorque & Iviça. Elle y poſſedoit auſſi la Sardaigne en titre de Royaume, qui a été cedée au Duc de Savoye.

D. *L'Eſpagne ne poſſede-t-elle rien hors de ſon continent ?*

R. Elle poſſede encore pluſieurs Places & quelques Iſles en Afrique : plusieurs Isles dans l'Asie, & de grands Domaines dans l'Amérique, dont nous parlerons dans la suite.

XXIX. Leçon.

LE PORTUGAL.

Demande. *Qu'est-ce que le Portugal ?*

Réponse. Le Portugal est un Royaume hereditaire qui a été détaché plusieurs fois de l'Espagne, & qui se divise en Portugal propre & en Algarve qui a eu autrefois le titre de Royaume.

D. *Quelles Provinces contient le Portugal propre ?*

R. Le Portugal propre contient cinq quartiers ou petites Provinces, sçavoir, l'Entre-Douro & Minho, Tra-los-Montes, Beira, l'Estramadure, & l'Alentejo.

D. *Quelles sont les principales Villes de ces cinq quartiers ?*

R. Ce sont Lisbonne Archevêché & Capitale de l'Estramadure & de tout le Royaume, Ville riche, marchande & bien peuplée sur le Tage & à deux lieuës de la mer. Bragua Ville Archiepiscopale, Porto, Lamego, Mirande, Viseo, Guarda, Conimbre avec Université, Leiria, Portalegre, Elvas, qui toutes ont un Evêché.

D. *N'y a-t-il pas encore quelques Villes dans ces cinq quartiers ?*

R. On y trouve encore Ponte de Lima, Guimaranès, Bragance, Aveiro, Almeida, Castel-blanco, Setubal, & Beja.

D. *Que contient l'Algarve ?*

R. L'Algarve, assés petite Province sur la mer, a pour Villes Tavira Capitale, Faro Ville Episcopale, Lagos, Villa-nova, & le Bourg de S. Vincent.

D. *Le Portugal ne possede-t-il point d'autres Domaines ?*

R. Il possede encore les Isles

Açores ou Terceres, & quelques Places en Afrique, quelques Villes en Aſie, & le Breſil en Amerique, d'où il tire ſa principale richeſſe.

SAVOYE.

D. *Qu'eſt-ce que la Savoye?*

R. La Savoye eſt une Principauté Souveraine, qui ſe diviſe en ſix parties, ſçavoir, les Duchés de Genevois, de Chablais & de Savoye, les Comtés de Tarantaiſe & de Maurienne, & la Baronie de Fauſſigny.

D. *Quelles en ſont les principa- Villes?*

R. Ces Villes ſont Chamberi Capitale où eſt le Parlement de Savoye, Annecy Ville Epiſcopale, Montmelian, Moutiers Archevêché, & S. Jean de Maurienne Ville Epiſcopale.

XXX. LEÇON.

DE L'ITALIE.

Demande. QU'est-ce que l'Italie ?

Réponse. L'Italie est une des plus belles & des plus considerables Régions de l'Europe en forme de presqu'Isle, qui fait une espece de botte : Elle est bornée au nord par les Alpes, & de tous les autres côtés par la mer Méditerranée.

D. *Comment divise-t-on l'Italie ?*

R. L'Italie se divise en trois parties, sçavoir, en partie septentrionale, en partie du milieu, & en partie méridionale, qui toutes se partagent encore en divers Etats & Principautés.

D. *Quels sont les Etats de l'Italie septentrionale ?*

R. Ces Etats sont le Piémont, le Montferrat, la République de Gennes & celles de Lucques, les

Duchés de Milan, de Parme & Plaisance, de Mantouë, de Modene, & de la Mirandole, avec les Etats de la République de Venise.

D. *Quels Etats comprend la partie du milieu de l'Italie?*

R. Ce sont le grand Duché de Toscane très-riche & très-fertile, & les Etats de l Eglise, dont les derniers sur tout se divisent en plusieurs Principautés.

D. *Quels sont les Etats de la partie méridionale de l'Italie?*

R. Cette partie ne contient que les Royaumes de Naples & de Sicile, plus considerables par leur ancienne réputation que par leur étenduë ou leur revenu.

D. *Expliquez les Etats de l'Italie septentrionale.*

R. Le Piémont qui se presente le premier se divise en quatre parties, sçavoir, le Piémont propre, le Duché d'Aouste, le Comté de Nice, & la Seigneurie de Verceil.

D.

D. *Quelles ſont les principales Villes du Piémont ?*

R. Ces Villes ſont Turin Capitale du Piémont, où réſide le Souverain, avec titre d'Archevêché, Ivrée, Pignerol, Mondovi, Foſſano, Saluces, Aſti, Aouſte, Nice avec un Port de mer, & Verceil.

D. *Qu'eſt-ce que le Montferrat ?*

R. Le Montferrat eſt un Duché, qui ſe diviſoit autrefois en Montferrat Savoyard & en Montferrat Mantoüan ; mais aujourd'hui il appartient au même Prince, qui eſt auſſi Roi de Sardaigne. Sa Capitale eſt Caſal, Ville démantelée, Trino, Albe & Acqui.

La répétition ſe doit faire au bout de la ſemaine des ſix dernieres Leçons.

XXXI. LEÇON.

Suite de l'Italie.

Demande. *Comment diviſez-vous la République de Gennes ?*

Réponse. Les Etats de la République de Gennes, qui d'un côté sont bornés par la mer, & de l'autre par le commencement du Mont Apennin, se divisent en partie occidentale & en partie orientale. Gennes, Ville très-magnifique & très-marchande en est la Capitale, avec un beau Port sur la Mediterranée.

D. *N'y a-t-il point d'autres Villes dans l'Etat de Gennes?*

R. On y trouve encore Savone qui avoit autrefois un assés bon Port, Noli, Vintimiglia & Albenga Villes Episcopales: outre Monaco & Finale enclavés dans les Etats de Gennes; mais la premiere est sous la protection de la France, & Finale usurpée par l'Espagne sur la Maison de Carretto, a depuis été à l'Empereur, & appartient aujourd'hui à la République de Gennes.

D. *Que contient la République de Lucques?*

R. Cette République, qui est d'une étenduë assés modique, n'a de considerable que Lucques Ville Episcopale, bien peuplée & fort Marchande par ses Manufactures d'Etoffes de Soye.

D. *Comment divisez-vous le Duché de Milan?*

R. Ce Duché, l'un des plus considerable de l'Europe, se divise en treize Territoires, qui sont ceux de Milan, de Pavie, de Novarre, de Come, de Lodi, de Cremone, de Tortone, d'Alexandrie, du Comté d'Anghierre, de Laumelline, de Bobio, de Vigevano, & des Vallées de Sessia.

D. *Quelles sont les principales Villes du Milanois?*

R. Ces Villes sont Milan défenduë par un bon Château: elle est grande, riche, bien peuplée, & a le titre d'Archevêché; Pavie, Novarre, Come, Lodi, Cremone, & Tortone, sont les Villes Episcopales des Territoires dont elles portent le nom.

D. *Quelles ſont les autres Villes du Milanois ?*

R. Les autres ſont Alexandrie Ville Epiſcopale, qui eſt au Roy de Sardaigne, Anghiera, Bobio avec Evêché, Vigevano & Valence Capitale de Laumelline ; les autres Villes portent le nom de leur Territoire.

D. *Qu'eſt-ce que le Duché de Parme ?*

R. C'eſt une Principauté qui ſe diviſe en Duché de Parme & en Duché de Plaiſance, dont les Villes principales ſont Parme & Plaiſance Villes Epiſcopales, belles & aſſés peuplées. Borgo ſan Donino, Capitale d'un autre petit Etat appartient auſſi au Duc de Parme.

XXXII. LEÇON.

Suite de l'Italie.

Demande. *QUe comprend l'Etat de Mantouë?*

Réponse. Cet Etat comprend le Duché de Mantouë propre, pays assés fertile, les Duchés de Guastalla & de Sabioneta, avec la Principauté de Castiglione & quelques autres peu considerables. La Capitale est Mantouë belle Ville Episcopale, très forte par sa situation, qui est au milieu d'un Lac. Guastalla & Sabioneta sont deux autre petites Places.

D. *Que comprenez-vous dans l'Etat de Modene?*

R. Cet Etat qui est assés fertile, se divise en Duché de Modene & en Duché de Reggio, qui ont des Villes Episcopales de même nom, assés belles & assés marchandes.

D. *Qu'est-ce que le Duché de la Mirandole?*

R. C'eſt un Etat fort petit, & qui n'a de Villes principales que la Mirandole & Concordia.

D. *Expliquez maintenant les Etats de la République de Veniſe.*

R. Cette République, l'une des plus conſidérables de l'Europe, eſt fort étenduë & comprend quatorze quartiers ou petites Provinces, dont ſept ſont au couchant, & ſept au levant. Elle a Veniſe pour Capitale; bâtie dans des Lagunes ou dans un grand nombre de petites Iſles.

D. *Quelles ſont les Provinces de la République de Veniſe qui ſont au couchant?*

R. Ces Provinces ſont le Bergamaſc, le Cremaſc, le Breſſan, le Veronois, le Vicentin, le Padouan, & le Poleſin de Rovigo.

D. *Quelles ſont les Villes principales de ces Provinces?*

R. Ces Villes ſont Bergame aſſés forte & aſſés marchande, Creme, Breſſe, Verone aſſés grande, mais mal peuplée, Vicence, Padouë avec une celebre Université, & Rovigo; toutes ces Villes ont le titre d'Evêchés.

D. *Marquez les Provinces de la République de Venise, qui sont au levant.*

R. Ces Provinces au nombre de sept, sont le Dogado, la Marche Trevisane, le Feltrin, le Bellunese, le Cadorin, le Frioul & l'Istrie Venitienne sur la partie orientale du Golfe de Venise.

D. *Quelles en sont les Villes les plus considerables?*

R. Venise qui est la Capitale de tous les Etats de cette République, & la Ville la plus singuliere, la plus belle, & la plus peuplée de l'Italie avec un Archevêque qui a le titre de Patriarche. On y trouve encore Trevise, Feltri, Belluno, Villes Episcopales, Udine dans le Frioul, & Capo d'Istria avec Evêché.

D. *La République de Venise ne*

poſsede-t-elle pas d'autres Terres ?

R. Sur la rive orientale de la mer Adriatique elle poſſede encore la Morlaquie, dont Zeng eſt la Capitale, & une partie de la Dalmatie où ſont Spalatro & Zara Villes Archiepiſcopales, quelques Iſles, avec celles de Corfou, Sainte Maure, Cefalonie, & Zante.

XXXIII. LEÇON.

Suite de l'Italie.

Demande. *MArquez-nous les Etats de la partie du milieu de l'Italie.*

Réponſe. Ces Etats ſont le grand Duché de Toſcane & l'Etat Eccleſiaſtique, dont le premier ſe diviſe en trois quartiers ou Provinces, ſçavoir, le Florentin, le Piſan, & le Siennois.

D. *Quelles ſont les principales Villes du Duché de Toſcane ?*

R. Florence Capitale de ce Duché eſt une Ville grande, belle, &

bien bâtie, avec un Archevêché & une Université. Pise Archevêché & Université; Livourne avec un bon Port, Sienne Archevêché & Université.

D. *Qu'entendez-vous par l'Etat Ecclesiastique?*

R. Ce sont les Principautés temporelles possedées par le S. Siege, comprises en 12 Provinces, dont six sont au septentrion, & six sont au midi.

D. *Quelles sont les Principautés de l'Etat Ecclesiastique qui sont au septentrion?*

R. Ces Principautés sont la Legation de Ferrare, pays très-fertile; la Legation de Boulogne très-abondante, la Romagne, où est enclavée la petite République de S. Marin, le Duché d'Urbin mal sain & peu fertile, le Perugin & la Marche d'Ancone assés bon pays.

D. *Quelles sont les principales Villes de ces six Principautés?*

R. Ferrare grande Ville, mais deserte, & Comachio bâtie dans des marais ; Boulogne, riche & fort commerçante, Ravenne Ville très-ancienne, Rimini, Urbin avec Archevêché, Pesaro, Perouse, Ancone & Loreta, toutes trois avec le titre d'Evêchés.

D. *Quelles Provinces sont au midi de l'Etat Ecclesiastique ?*

R. Ces Provinces sont l'Orvietano, le Duché de Castro, Ombrie ou Duché de Spolete, le Patrimoine de S. Pierre, la Campagne de Rome, & la Sabine. On pourroit y joindre Benevent, enclavé dans le Royaume de Naples.

D. *Qui sont les principales Villes de ces six dernieres Provinces ?*

R. Ce sont Orvieto, Castro, Spolete, Viterbe qui est dans le Patrimoine de S. Pierre, aussi-bien que Porto & Civita-vecchia : & Rome non seulement la Capitale de l'Etat Ecclesiastique & de la Campagne de Rome, mais auſſi de tout le monde Chrétien.

XXXIV. LEÇON.

Suite de l'Italie.

Demande. *EXpliquez les parties méridionales de l'Italie.*

Réponſe. Ces parties ſont le Royaume de Naples & celui de Sicile, dont le premier ſe diviſe en quatre grandes Provinces qui ſe partagent enſuite en pluſieurs quartiers ou Provinces moins conſiderables.

D. *Qui ſont ces quatre grandes Provinces ?*

R. Ces quatre Provinces ſont l'Abbruzze, la Terre de Labourd, l'Appouille, & la Calabre, qui ſe ſubdiviſent chacune en trois autres petites Provinces.

D. *Quelles ſont les Provinces & les Villes de l'Abbruzze ?*

R. Ce ſont l'Abbruzze ulterieure, l'Abbruzze citerieure, & le Comté de Moliſe; la premiere a pour Villes Aquila, Atri & Teramo; dans la ſeconde ſont Civita di Chieti, Lanciano, & Sulmona, & le Comté de Moliſe a Moliſe, Trivento & Iſernia.

D. *Quelles Villes & Provinces contient la Terre de Labourd?*

R. La Terre de Labourd contient la Terre de Labourd propre, avec la Principauté ulterieure & la Principauté citerieure, dont les Villes principales ſont Naples Capitale de tout le Royaume, grande & riche avec un beau Port ſur la méditerranée, Capouë, Gaëte, & Monte-Caſſino.

D. *Quelles ſont les autres Villes de ces Provinces?*

R. Dans la Principauté ulterieure ſont Monte-marano, & Conza, & l'on y trouve auſſi Benevent Duché & Archevêché qui appartient au Pape : dans la Principauté citerieure ſont Salerne & Amalfi.

D. *Quelles Provinces & quelles Villes comprend l'Appoüille ?*

R. Elle comprend la Capitanate, la Terre de Bary & la Terre d'Otrante, où ſont Lucera, Manfredonia, Bari, Trani, Otrante, & Tarente.

D. *Que comprenez-vous dans la Calabre ?*

R. J'y comprens la Baſilicate, la Calabre citerieure & la Calabre ulterieure, dont les Villes principales ſont Cirenza, Coſenza, Cantazaro & Reggio.

D. *Comment diviſez-vous la Sicile ?*

R. La Sicile qui eſt Iſle & Royaume ſe diviſe en trois Vallées, qui ſont celles de Demona, de Mazara, & de Noto. Elles ont pour Villes principales Meſſine Capitale, grande, riche & commerçante, Palerme grande Ville avec un Port de mer, & Syracuſe.

XXXV. LEÇON.

Suite de l'Italie.

Demande. *QUi ſont les Iſles de l'Italie ?*

Réponſe. Ces Iſles ſont la Sicile que nous venons d'expliquer, l'Iſle de Sardaigne en titre de Royaume, l'Iſle de Corſe, celles de Lipari, d'Elbe, de Malte, auſquelles on peut joindre Corfu, Sainte Maure, Cefalonie, Zante, & quelques autres moins grandes.

D. *Que contient l'Iſle de Sardaigne ?*

R. Ce Royaume aujourd'hui au Duc de Savoye, ſe diviſe en Cap Logudori & en Cap Cagliari : dans le premier eſt la Ville de Saſſari, & dans le ſecond Cagliari Capitale de l'Iſle avec un Archevêché & un Port de mer.

D. *Qu'eſt-ce que l'Iſle de Corſe ?*

R. Cette Iſle qui eſt aux Genois

eſt coupée en deux par une chaîne de montagnes ; dans la partie ſeptentrionale on trouve la Baſtia Ville Epiſcopale avec un bon Port ; au lieu que Bonifacio & Adjaſſo ſont dans la partie méridionale. L'Iſle Capraia qui dépend de l'Iſle de Corſe, appartient auſſi aux Genois.

D. *Quelles ſont les autres Iſles de l'Italie ?*

R. L'Iſle de Malte dépend de la Sicile, elle eſt aux Chevaliers de S. Jean de Jeruſalem, & a pour Capitale la Valette, la plus forte place de l'univers. L'Iſle d'Elbe a Porto-Longone ; les Iſles de Lipari n'ont de remarquable que Lipari.

D. *Quelles ſont les Montagnes de l'Italie ?*

R. Ce ſont les Alpes qui ſéparent l'Italie d'avec la France, la Suiſſe & l'Allemagne ; l'Appennin qui va du nord au ſud & coupe l'Italie en deux parties, dont l'une eſt à l'occident & l'autre à l'orient de cette chaîne de montagnes.

D. *Quels Lacs trouve-t-on en Italie ?*

R. Les plus considérables sont le Lac majeur & celui de Come dans le Milanois, le Lac de Guarda dans les Etats de Venise, le Lac de Perouse dans le Perugin, avec ceux de Celano, de Lesina & de Varano dans le Royaume de Naples.

D. *Quelles sont les Rivieres de l'Italie ?*

R. Ces Rivieres sont le Po, l'Adige, le Tesin, l'Arno, l'Adda, le Tibre ; mais le Gariglian, le Volturno, le Candelaro, le Brandano, & l'Agrj, sont tous cinq dans le Royaume de Naples.

XXXVI. LEÇON.

TURQUIE EN EUROPE.

Demande. *QU'est-ce que la Turquie en Europe ?*

Réponse. Ce sont les Etats que le Grand

Grand Seigneur ou Empereur des Turcs possede en Europe, qui se divisent en Provinces septentrionales & en Provinces méridionales.

D. *Quelles sont les Provinces septentrionales de la Turquie Européenne?*

R. Il y en a neuf, sçavoir, la petite Tartarie, la Bessarabie, la Moldavie, la Valaquie, la Bosnie, la Croacie, dont l'Empereur d'Allemagne possede une partie, la Dalmatie, la Bulgarie & la Romanie; mais les quatre premieres sont plûtôt tributaires ou protegées par le Turc qu'elles ne sont dans son Domaine.

D. *Quelles sont les Villes principales de ces dix Provinces?*

R. Ces Villes sont Baccasare, Or ou Przecop, Caffa, Oszacow, Bender, Iazi, Tergowisk, Jaïcza, Wihitz, Zeng, Narenta, Sophia, Constantinople Capitale de tout l'Empire Turc, Andrinople & Gallipoli.

D. *Quelles ſont les Provinces méridionales de la Turquie Européenne ?*

R. Il y en a ſept, ſçavoir, la Macedoine, l'Albanie, l'Epire, la Theſſalie, l'Achaie, la Morée & les Iſles.

D. *Qui ſont les Villes principales de ces ſept Provinces ?*

R. Les Villes principales ſont Salonichi autrefois Theſſalonique ſur la mer, Agios-Laura, Scutari, en Dalmatie, Durazzo, Jannina; Larta, Lariſſa, Tricala, Atines ou Fetines autrefois Athenes, Lepante, Stives, ou Thebes, Corinthe, Modon, Napoli di Romania & Malvaſia.

D. *Quelles ſont les Iſles de la Turquie Européenne ?*

R. Les plus conſiderables de ces Iſles ſituées dans l'Archipel ſont, Stalimene, Negrepont, Metelino, Sciro, Scio, Andro, Cerigo, & Candie, outre l'Iſle de Crete, avec plusieurs autres petites Isles moins considerables.

D. *Le Turc ne protege-t-il pas quelque Etat en Europe?*

R. Il accorde sa protection à la petite République de Raguse située dans la Dalmatie sur la rive orientale de la mer Adriatique, dont les Villes principales sont Raguse Capitale & Stagna grande, avec quelques Isles.

A la fin de la semaine on doit faire la répetition des six dernieres Leçons.

XXXVII. LEÇON.

DE L'ASIE.

Demande. *Comment se divise l'Asie?*

Réponse. L'Asie se divise en Asie septentrionale, en Asie méridionale & en Isles, qui contiennent en tout dix parties, sçavoir, quatre dans l'Asie septentrionale, & six dans l'Asie méridionale.

TURQUIE ASIATIQUE.

D. *Qui ſont les parties de l'Aſie ſeptentrionale ?*

R. Ces parties, ſont la Turquie en Aſie, la Georgie, la Siberie, & la grande Tartarie. La premiere contient quatre grandes Provinces, qui ſont la Natolie, la Sourie, la Turcomanie, & le Diarbeck.

D. *Qui ſont les Villes de ces quatre Provinces ?*

R. Les Villes principales de la Turquie Aſiatique ſont Chiutaye, Burſe, Smyrne, Angoure, Comidia, Epheſe, Sardes & Troyes dans la Natolie, Alep, Scanderone ou Alexandrette, Antioche, Damas, Jeruſalem & Naplouſe ſont dans la Sourie.

D. *Marquez les autres Villes de ces Provinces ?*

R. La Turcomanie ou Armenie majeure a pour Villes Erſerum & Betlis ; & le Diarbeck contient

Diarbekir, Moſul, Bagdat, Balſora & Schereſul.

D. *Qu'eſt-ce que la Georgie ?*

R. La Georgie ou Gurgiſtan eſt un Etat diviſé en pluſieurs petits Pays, qui ſont entre la mer noire & la mer Caſpienne. Ces Pays ſont la Mingrelie, le Carduel, le Guriel, & l'Imerette.

SIBERIE.

D. *Comment diviſez-vous la Siberie ?*

R. La Siberie l'un des pays les plus étendus de l'Aſie ſeptentrionale contient environ 800 lieuës du couchant au levant, & environ 300 du ſeptentrion au midi. Elle ſe diviſe en Siberie occidentale & en Siberie orientale.

D. *Que contient la Siberie occidentale ?*

R. Cette partie qui eſt entre le Lena & les Montagnes de Ruſſie contient trois ſortes de peuples, ſçavoir, les Payens, les Tartares Mahometans & les Ruſſes.

D. *Marquez les noms de ces divers Peuples.*

R. Les Peuples Payens ſont les Samojedes, les Vogulitzes, les Oſtiakes, les Tunguſi & les Buratti, qu'on regarde comme les anciens habitans de la Siberie. Les Tartares ſont les reſtes de ceux ſur leſquels les Moſcovites ont conquis la Siberie; & les Ruſſes ſont les nouveaux habitans ou Moſcovites.

D. *Quelles ſont les Villes de cette partie de la Siberie?*

R. Ces Villes ſont Tobolſk Capitale, où réſide le Gouverneur General, Tomſkoy & Jeniſea.

D. *Qu'entendez-vous par la Siberie orientale?*

R. C'eſt la partie qui s'étend depuis le Fleuve Lena juſqu'à la mer orientale. Elle étoit preſque ignorée & a été reconnuë par ordre du feu Czar Pierre I. & contient principalement le Kamtzchatka qui y fait une presqu'Isle.

XXXVIII. LEÇON.

TARTARIE.

Demande. *Que comprenez-vous sous la Tartarie ?*

Réponse. La Tartarie qui occupe la plus grande partie de l'Asie septentrionale s'étend depuis la mer de Zabache ou mer d'Asof jusques à la mer orientale ou du Japon, ce qui contient plus de douze cens lieuës, & se partage en plusieurs sortes de Tartares.

D. *Marquez ces divers Tartares.*

R. Ils se divisent en Tartares proprement dits, en Kalmoucks, & en Moungales. Sous les premiers sont les Circassiens, les Daguestans & les Koubans les plus proches de l'Europe, entre la mer d'Asof & la mer Caspienne, & sont Tributaires de la Moscovie.

D. *Qui ſont les autres Tartares proprement dits?*

R. Ce ſont les Tartares Nagais à l'embouchure du Volga, les Bolgars, les Caſatſchia Orda, les Cara-Calpaks, les Tartares de Chiva, & les Uſbeks; ces derniers occupent la grande Boucharie, & le Charaſm.

D. *Qui ſont les Villes principales de ces Tartares?*

R. Leurs Villes principales ſont Aſof, Taman, Petigor, Terki, Tarcou, Aſtracan, Bolgar, Turkeſtan, Argens, Samarkand fort déchûë de ce qu'elle étoit autrefois, Buchara & Balk, toutes deux grandes & bien fortifiées.

D. *Qu'entendez-vous par les Tartares Kalmoucks?*

R. Ce ſont des Tartares Payens qui s'étendent depuis le Fleuve Jaïck juſques au Royaume d'Ava d'un côté, & de l'autre juſques au Jeniſea. C'eſt à l'extrémité de ces Etats

Etats que demeure le Dalai-Lama ou ſouverain Pontife des Tartares Calmoucks, & Moungales.

D. *Quelles ſont les Villes de cette branche de Tartares?*

R. Comme leur Chan nommé Contaiſch, habite ſous des tentes, il y a peu de Villes conſidérables, ſi ce n'eſt dans la petite Boucharie, où ſont Caſchgar Capitale, avec Jerkeen & Luczin.

D. *Qui ſont les Tartares Moungales?*

R. Ce ſont des Tartares Payens les plus orientaux entre la mer d'Orient, la grande muraille de la Chine, les Calmouks & la Siberie. Leur pays a plus de 400 lieuës de l'oueſt à l'eſt, & plus de 150 du nord au ſud.

D. *Ces Moungales ne forment-ils pas pluſieurs branches?*

R. Il s'en trouve pluſieurs branches, dont les deux principales ſont les Calcha-Moungales qui ſont à l'oueſt, & les Nieucheu-Moungales, ou Moungales de l'eſt. Ce ſont ces derniers qui ſe ſont rendus maîtres de l'Empire de la Chine, où ils regnent depuis près de 100 ans.

XXXIX. LEÇON.

ASIE MERIDIONALE.

Demande. *Que comprenez-vous dans l'Aſie méridionale?*

Réponſe. On y comprend l'Arabie, la Perſe, le Mogol, les Indes & la Chine qui ſe diviſent chacun en pluſieurs Etats ou Provinces.

D. *Expliquez ce que c'eſt que l'Arabie.*

R. L'Arabie eſt une grande preſqu'Iſle, qui ſe diviſe en trois parties, qui ſont l'Arabie Petrée, l'Arabie deſerte, & l'Arabie heureuſe.

D. *Qu'eſt-ce que l'Arabie Petrée?*

R. Elle eſt ainſi nommée de la Ville de Petra, autrefois ſa Capitale, & qui ſe nomme aujourd'hui Montreal ; ſes autres Villes ſont Tor, Madian, Medine Capitale d'un Cherif, la Mecque grande Ville Capitale d'un autre Cherif.

D. *Qu'eſt-ce que l'Arabie Deſerte ?*

R. L'Arabie deſerte eſt ainſi appellée de ſes vaſtes ſolitudes, que la ſechereſſe des ſables brulans rend inhabitable. Ses principales Villes ſont Anah ſur l'Euphrate, Taulangia & Tangia.

D. *Que comprend l'Arabie Heureuſe ?*

R. Elle comprend pluſieurs petits pays, ſçavoir, les Royaumes d'Aden ou de Mocha, & du grand Jaman, avec les Etats des Emirs de Vodana, de Maſcalat, de Labſa, & del Catif, qui tous ont pour Capitales des Villes de même nom.

D. *Quelle eſt la diviſion de la Perſe ?*

R. La Perſe eſt un Royaume héréditaire, d'une assés grande étenduë, ayant 500 lieuës du couchant au levant, & 370 du nord au sud, qui se divise communément en douze Provinces.

D. *Quelles sont les Provinces de la Perse?*

R. Il y en a douze, sçavoir, sept au couchant & cinq au levant. Les premieres sont l'Iram ou Armenie, l'Adirbeitzan, le Kilan, l'Irack-Agem, le Chusistan, le Farsistan & le Masandran; les cinq autres sont le Chorasan, le Kirman, le Sablustan, le Candahar & le Sitgistan.

D. *Qui sont les principales Villes de la Perse?*

R. Ces Villes sont Erivan, Tauris, Derbent, Ispahan grande Ville très-commerçante & la Capitale de toute la Perse, Sus, Schiras, Kirman, Bander-Abassi, avec la Ville & Isle d'Ormus, & Candahar,

XL. LEÇON.

DU MOGOL, OU INDOSTAN.

Demande. *Comment divisez-vous l'Empire du Mogol?*

Réponse. L'Empire du Mogol, autrement nommé l'Indostan, l'un des plus grands & des plus riches païs de l'Asie, se divisoit autrefois en 37 Royaumes, & se divise aujourd'hui en 19 Gouvernemens, dont dix sont au nord, & neuf au midi.

D. *Quels Gouvernemens sont au nord du Mogol?*

R. Ce sont ceux de Cabul, de Lahor, de Cachemire, de Haoud, de Varada vers les Sources du Gange, de Patna, de Multan, de Delli, d'Agra & d'Elabass.

D. *Quels Gouvernemens sont au midi du Mogol?*

R. Ce ſont ceux de Tatta, d'Aſmere, de Malova, de Guzarate, Aurengabad, de Candish, de Boganola, de Jagannat ou Bengale, & de Talengand.

D. *Quelles ſont les Villes principales du Mogol?*

R. Ces Villes ſont Cabul, Lahor & Cachemire Capitales de leurs Gouvernemens, Delli Capitale de tout le Royaume, Elabaſſ, Tatta & Aſmere dans les Gouvernemens de leurs noms, Cambaye & Surate Villes très-commerçantes dans le Guzarate. Ougeli très-marchande & Bengale, quoique quelques Auteurs doutent s'il y a une Ville de ce nom.

D. *Comment ſe diviſe l'Inde?*

R. En Inde au-deçà du Gange, & en Inde au-delà du Gange; & la premiere ſe diviſe en cinq parties, qui ſont les Royaumes de Viſapour, de Golconde, de Biſnagar, avec les Côtes de Malabar & de Coromandel.

D. *Quelles en sont les Villes principales ?*

R. Visapour grande & peuplée, Goa qui appartient aux Portugais, Golconde Capitale d'un Royaume, & Masulipatan très-commerçante ; Bisnagar au Roy de ce nom. Paliacate aux Hollandois ; Ponticheri sur les Côtes de Coromandel est à la France.

D. *Que comprenez-vous dans l'Inde au-delà du Gange ?*

R. Cette partie de l'Inde se divise en plusieurs Royaumes, sçavoir, ceux d'Asem, d'Ava, de Pegu, & d'Aracan, de Siam tributaire de la Chine, de Camboia, de Tunquin, de Laos, & de la Cochinchine.

D. *Quelles sont les Villes principales de ces Royaumes ?*

R. Ces Villes sont Azo, Ava, Aracan, Pegu, Siam, Camboya, Kecho, & Sinoè, avec Malacca dans une presqu'Isle de ce nom qui appartient aux Hollandois.

XLI. LEÇON.

DE LA CHINE.

Demande. *QU'est-ce que l'Empire de la Chine?*

Réponse. Cet Empire, l'un des plus grands & des mieux policés de toute l'Asie, se divise en terre ferme, en Isles, & en presqu'Isle de Corée.

D. *Comment divisez-vous la terre ferme de la Chine?*

R. Elle se divise en seize Provinces, dont huit sont au nord, & huit au sud de la riviere de Kian, qui partage la Chine en deux parties presque égales.

D. *Quelles sont les Provinces du nord de la Chine?*

R. Ces Provinces sont le Chensi, le Chamsi, & le Pekeli, qui sont bornées par la grande muraille de la Chine, le Leaotung entre le Pekeli & la Corée, avec Chanton, Souchoen, Honan & Nankin.

D. *Quelles sont les Provinces du sud de la Chine ?*

R. Ce sont les Provinces de Houcham, Kiansi, Chekian, Younan, Queicheou, Quansi, Canton, & Fokien.

D. *Quelles sont les Villes principales de ces seize Provinces ?*

R. Comme l'Empire de la Chine est le plus peuplé de l'Univers, c'est aussi celui où il y a plus de Villes. On en compte 155 du premier ordre, & plus de 1300 du second ordre, sans y comprendre une infinité de Bourgs & de Villages.

D. *Marquez-nous du moins les Capitales des Provinces.*

R. Sigan est la Capitale du Chensi, Taiyven du Chamsi, Pekin du Pekeli aussi bien que de tout l'Empire, Chinyan du Leaotung, Cinan l'est de la Province de Chanton, Chingtu du Souchoen, Caifou du Honan, & Nankin la plus grande Ville du monde l'est de la Province de son nom.

D. *Quelles sont les Villes des huit autres Provinces?*

R. Ce sont Vuchan, Nanchan, Angcheu, Yunnan, Queiyang, Queilin, Canton Ville maritime, grande & commerçante, & Focheu.

D. *Qui sont les Isles de la Chine?*

R. Les plus considerables sont l'Isle d'Hainan & l'Isle Formose; la premiere au sud de la Province de Canton, est très-fertile, & l'autre du côté de la Province de Fokien est très-riche & très-abondante.

D. *Qu'est-ce que la presqu'Isle de Corée?*

R. C'est un Royaume presque tout environné de la mer: il est assés grand & assés considerable, est tributaire de la Chine, & a pour Capitale Pingan.

XLII. LEÇON.

Des Isles de l'Asie.

Demande. *MArquez quelles sont les Isles de l'Asie ?*

Réponse. Elles sont ou dans la Mediterranée ou dans le grand Ocean. Les plus considerables de celles de la Mediterranée sont en grand nombre, qui toutes appartiennent au Turc.

D. *Quelles sont les principales Isles de la Mediterranée ?*

R. L'Isle de Cypre la plus grande & la plus considerable, a pour Capitale Nicosie, Rhodes qui a sa Capitale de même nom, Palmosa autrefois Pathmos, Schio & Metelin, nommée autrefois Lesbos.

D. *Qui sont les Isles de l'Asie situées dans le grand Ocean ?*

R. Il s'en trouve un très grand nombre; mais les plus considerables en allant de l'ouest à l'est sont les Maldives que quelques Auteurs font monter jusques à onze ou douze mille, avec l'Isle de Ceylan extrêmement riche & fertile.

D. *Continuez à nous marquer ces Isles.*

R. Outre quelques Isles peu considerables dans le Golfe de Bengale, on trouve celles de la Sonde, où est Sumatra l'une des plus considerables de l'Asie; elle a plus de 600 lieuës de circuit; les Hollandois y ont fait bâtir plusieurs Forteresses; & elle est possedée par plusieurs petits Rois.

D. *Quelles sont les autres Isles de la Sonde?*

R. Outre Banca, on trouve encore celles de Java & de Borneo. C'est dans celle de Java que sont Bantam & Batavia qui appartiennent aux Hollandois. Cette derniere Ville sert de dépôt à la Compagnie Hollandoise des Indes qui y a établi le centre de son Commerce. Borneo eſt une autre Iſle fort grande & aſſés riche.

D. *Qui ſont les autres Iſles de l'Aſie ?*

R. Ce ſont les Moluques, les Philippines ou Manilles, les nouvelles Philippines & les Iſles Marianes ou des Larrons. Les Hollandois tirent beaucoup d'Epiceries des premieres. Les autres Iſles appartiennent aux Eſpagnols, qui par le moyen de ces Iſles font le commerce de la Chine.

D. *Les Iſles du Japon ne ſont-elles pas auſſi parmi celles de l'Aſie?*

R. Les Iſles du Japon ſont très-conſidérables, & par leurs richeſſes, & par leur commerce : celle de Niphon qui eſt la plus grande, a pour Capitale Yedo, qui l'eſt de tout le Japon. Meaco Ville riche & commerçante, l'étoit autrefois, Ximo & Cikoko ſont deux autres Iſles du Japon avec quelques-unes plus petites.

On doit faire à la fin de la ſemaine la répetition des ſix dernieres Leçons.

XLIII. LEÇON.

DE L'AFRIQUE.

Demande. *EXpliquez maintenant l'Afrique.*

Réponſe. L'Afrique eſt une des plus grandes parties du monde, bornée de tous côtés par la mer, ſoit Mediterranée au nord, ſoit par l'Ocean, ſoit par la mer rouge, il n'y a que l'Iſthme de Suez qui la joint à l'Aſie.

D. *Comment diviſe-t-on l'Afrique?*

R. L'Afrique ſe diviſe en ſeize grandes parties, qui ſe partagent encore en pluſieurs autres. Dix de ces parties ſont au-deçà & ſix au-delà de l'Equateur.

D. *Qui ſont les parties au-deçà de l'Equateur?*

R. Ce ſont l'Egypte, la Barbarie, le Biledulgerid, le Saara ou Deſert, la Nigritie, la Guinée, l'Ethiopie, la Nubie, la Côte d'Abex & la Côte d'Ajan. Les parties qui ſont au-delà de l'Equateur ſont le Congo, la Cafrerie, le Monomotapa, le Monoemugi, le Zanguebar & les Iſles.

D. *Expliquez ces parties dans leur ordre?*

R. L'Egypte autrefois ſi cœlebre, eſt poſſedée aujourd'hui par le Turc; elle ſe diviſe en haute, en moyenne, & en baſſe Egypte, arroſées toutes par le Nil qui la coupe du nord au ſud. Les Villes principales ſont Saïd pour la haute Egypte, le Caire pour la moyenne, & Alexandrie & Manſoura pour la baſſe.

D. *Que comprenez-vous ſous la Barbarie?*

R. On comprend ſous la Barbarie toute la Côte d'Afrique qui s'étend depuis l'Egypte juſques au Détroit de Gibraltar, & depuis le Détroit jusqu'à l'extrémité du Royaume de Maroc sur le grand Ocean.

D. *Qui sont les Royaumes que contient cette partie ?*

R. En allant d'Orient en Occident, ce sont ceux de Barca, de Tripoli, de Tunis, d'Alger, de Fez & de Maroc, qui portent tous les noms de leurs Villes Capitales. L'Espagne cependant y possede quelques Places, entr'autres Ceuta & Oran.

D. *Que contient le Biledulgerid ?*

R. Le Biledulgerid séparé de la Barbarie par une longue chaîne de montagnes, contient en allant d'Occident en Orient le Tesset, le Darha, le Tafilet, le Segelmesse, le Tegorarin, le Zeb, le Techort, le Biledulgerid, & le Desert de Barca.

D. *Que comprend le Saara ou Desert ?*

R. Il comprend le Gaoga, le Borno,

Borno, le Berdoa, le Lempta, le Targa, le Zuentziga & le Zanhaga, ou Senega; tous ces Pays qui sont dans l'interieur de l'Afrique, sont très-peu connus, & n'ont aucunes Villes considerables.

D. *Qu'entendez-vous par la Nigritie?*

R. La Nigritie ou Pays des Negres est assés étenduë, & se divise en plusieurs petits Etats ou Royaumes dont les Villes principales sont Tombut, Genehoa, Mandinga & quelques autres. Cette partie est arrosée du Fleuve Niger, qui avant que de tomber dans l'Ocean se partage en deux branches, dont la plus septentrionale se nomme Senega.

XLIV. LEÇON.

Suite de l'Afrique.

Demande. *Quelles sont les autres parties de l'Afrique?*

M.

Réponse. La Guinée qui s'étend le long de la Côte de la mer. Il s'y fait un assés grand commerce d'or & de dents d'Elephans. Les François, les Anglois, les Danois, & les Hollandois y ont quelques Forts & habitations.

D. *Divisez l'Ethiopie.*

R. L'Ethiopie qui est peu connuë, contient principalement l'Abissinie, & les Royaumes des Galles, de Dancal & de Tigré, dont les Villes sont Ambamarjan Capitale, Chaxumo, & Baylur.

D. *Marquez les autres Etats de l'Afrique au-deçà de l'Equateur.*

R. La Nubie qui est une de ces parties n'est pas connuë; la Côte d'Abex & celle d'Ajan le sont un peu plus, & ont pour Villes principales Suaquem sur la mer rouge au Turc, Brava République, Magadoxo & Bandel.

D. *Expliquez les parties de l'Afrique qui sont au-delà de l'Equateur.*

R. Le Congo qui eſt le long de la mer eſt diviſé en pluſieurs petits Etats ou Royaumes. Il s'y fait un aſſés grand commerce de Negres. Les Portugais & les Hollandois y ont quelques habitations.

D. *Qu'entendez-vous par la Cafrerie ?*

R. La Cafrerie ou le Pays des Cafres eſt un pays ſur la mer, habité par les peuples les plus barbares & les plus ſtupides de l'Afrique. Les endroits les plus conſiderables ſont le Cap de Bonne Eſperance aux Hollandois, & Sofala qui appartient aux Portugais.

D. *Qu'eſt-ce que le Monomotapa ?*

R. Ce pays preſque entouré par la Cafrerie, a le titre d'Empire, & ſe diviſe ſelon quelques-uns en ſix, & ſelon quelques autres en vingt-cinq Royaumes, dont la Capitale eſt Monomotapa.

D. *Quels ſont les autres Etats de cette partie de l'Afrique ?*

R. Le Monoemugi dans l'interieur de l'Afrique est très-peu connu, & a pour Capitale Chicova, la Côte de Zanguebar ou de Mosambique sur la mer est plus connuë. On y trouve les Villes de Melinde, de Monbase, de Quiloa, & de Mosambique.

D. *Quelles sont les Isles de l'Afrique ?*

R. Ces Isles sont ou dans l'Ocean atlantique au couchant de l'Afrique, ou dans l'Ocean Ethiopique. Les premieres sont les Isles Canaries & celles du Cap Vert.

D. *Qui sont les plus considerables de ces Isles ?*

R. Ce sont la grande Canarie, le Tenerife où est le Pic de Teyde, sur lequel les Hollandois font passer leur premier méridien, l'Isle de Fer où les François font passer le leur. Au Nord de ces Isles est celle de Madere assés fertile, & au sud sont les Isles du Cap Vert, dont il n'y en a que dix de considerables.

D. *Qui sont les Isles de l'Ocean Ethiopique ?*

R. Ces Isles sont celles de Zocotora, de l'Amirante & quelques autres, qui n'en sont pas éloignées, mais il y en a deux plus considerables, sçavoir, celle de Madagascar d'environ 800 lieuës de tour occupée & depuis abandonnée par les François. Celle de Bourbon qui n'en est pas éloignée est à present un des meilleurs Etablissemens de notre Compagnie des Indes.

XLV. LEÇON.

DE L'AMERIQUE.

Demande. *QU'est-ce que l'Amerique ?*

Réponse. L'Amerique est le plus grand Continent du monde, & se nomme aussi le nouveau Monde ou les Indes occidentales : Elle se divise en Amerique septentrionale, en méridionale, & en Isles.

D. *Divisez l'Amerique septentrionale.*

R. Cette partie du nouveau Monde se divise en vieux Mexique ou nouvelle Espagne, en nouveau Mexique ou nouvelle Grenade; en Canada ou nouvelle France; en nouvelle Bretagne, nouvelle Angleterre, & Floride.

D. *Faites la division de ces parties.*

R. Le vieux Mexique se divise en trois audiances, sçavoir, celle de Mexique dont la Capitale est Mexico, la plus grande & la plus belle Ville de l'Amerique; l'audiance de Guadalajara & celle de Guatimala avec des Villes Capitales du même nom.

D. *Que contient le nouveau Mexique?*

R. Le nouveau Mexique qui est peu connu, se divise en plusieurs Provinces particulieres, la plûpart habitées par les naturels du pays.

La Ville Capitale est Santa Fè de Granada, ou nouveau Mexico.

D. *Qu'entendez-vous par la nouvelle France?*

R. C'est une grande étenduë de pays qui se trouve aux environs du Fleuve S. Laurent, & qui se divise en partie orientale & en partie occidentale, & cette derniere se nomme aussi Micissipi ou Loüisiane.

D. *Que comprend la partie orientale de la nouvelle France?*

R. Outre le Canada propre, cette partie comprend differens peuples, dont les principaux sont les Esquimaux, les Christinaux, les Hurons, les Algonquins, les Etechemins & les Iroquois. Les Villes principales sont Quebec Capitale, Tadoussac & Montreal.

D. *Qu'est-ce que la partie occidentale de la nouvelle France?*

R. C'est une grande étenduë de pays au couchant du Fleuve Saint Laurent découverte en 1679. & autres années suivantes. Elle est arrosée par le Fleuve du Micissipi, & a été nommée Loüisiane du nom de Loüis XIV. Sa principale habitation est le Fort d'Orleans.

D. *Marquez ce que c'est que la nouvelle Bretagne.*

R. La nouvelle Bretagne qui est au nord de la nouvelle France, est un pays inculte, occupé par les Anglois, qui y font un grand commerce de peaux de Castors & d'Orignacs.

D. *Les Anglois ne possedent-ils pas d'autres Domaines en Amerique?*

R. Au midi de la nouvelle France ils possedent encore la nouvelle Angleterre, qui contient la Caroline, la Virginie, Mary-land, Pensylvanie, nouvelle Yorck, nouvelle Angleterre & Acadie, ou nouvelle Ecosse.

D. *A qui appartient la Floride?*

R. Cette Province qui est assés grande,

grande, mais peu connuë, appartient aux Espagnols, & a pour Villes S. Augustin & S. Matthieu.

XLVI. LEÇON.

Suite de l'Amerique.

Demande. *QUelles sont les parties de l'Amerique méridionale ?*

Réponse. L'Amerique méridionale contient sept grandes parties, sçavoir, la terre ferme, le Perou, la Province des Amazones, le Brezil, Province de Rio de la Plata ou Paraguay, le Chili, & la Terre Magellanique.

D. *Donnez la division de toutes ces parties.*

R. La Terre ferme se divise en six parties, qui sont l'Audiance de Panama, l'Audiance de Santa Fè, l'Audiance de S. Domingue, le Pays de Paria, la Guyanne & la Caribanne. Les Villes principales sont Panama, Portobelo, Santa Fè

N

de Bagota, Carthagene & l'Asacha. Surinam est aux Hollandois.

D. *Expliquez maintenant le Perou.*

R. Le Perou la plus riche Province de l'Amerique, le long de la mer du Sud, se divise en trois Audiances, sçavoir, celles de Lima, de Quito & de la Plata. Ses Villes principales sont Lima Capitale de tout le Perou, Quito, Popayan, la Plata & Potosi.

D. *Qu'entendez-vous par la Province des Amazones?*

R. Cette Province extrêmement grande, n'est pas encore fort connuë; elle contient plus de 150 Nations differentes de Sauvages; & se trouve arrosée par la riviere des Amazones, la plus grande de l'Univers.

D. *Qu'est-ce que le Bresil?*

R. Le Bresil est un pays extrêmement étendu au levant de l'Amerique, entre l'Equateur & le Tropique du Capricorne. Il est possedé par le Roy de Portugal qui en tire de grandes richesses, & qui y fait faire continuellement des découvertes.

D. *Comment divise-t-on le Bresil?*

R. Il se partage en quatorze Capitaineries qui sont toutes le long des Côtes, dont les Villes principales sont San Salvador dans la Baye de tous les Saints, & la Capitale du Bresil, Olinde ou Pernambuco, Para, Maragnan & S. Vincent.

D. *Marquez ce que c'est que la Province de Rio de la Plata.*

R. Cette partie qui paroît plus étenduë que le Bresil, se nomme aussi le Paraguay. Quoique peu connuë, elle se divise en six Provinces, sçavoir, la Plata, le Chaco, l'Uraguay, le Paria, le Guaiva, & le Paraguay, dont les Villes principales sont Buenos Ayres, San-Salvador, l'Assomption de la Plata, & l'Assomption d'Uraguay.

D. *Qu'est-ce que le Chili ?*

R. Le Chili qui s'étend le long de la mer du ſud au-delà du Tropique du Capricorne, ſe diviſe en trois Provinces, ſçavoir, de Chili, d'Imperiale, & de Chiquito, où l'on trouve pour Villes principales San-Jago de Chili, Imperiale, Angol & Oſorno.

D. *Où ſont les Terres Magellaniques ?*

R. Ces Terres qui ſont à l'extrémité de l'Amerique méridionale, ne ſont connuës que le long des Côtes, & ſont ingrates & ſteriles. La principale habitation des Eſpagnols eſt Deſaguadero.

XLVII. LEÇON.

Iſles de l'Amerique.

Demande. *Quelles ſont les Iſles de l'Amerique ?*

Réponſe. Ces Iſles qui ſont en très-grand nombre ſe trouvent preſque toutes dans l'Amerique ſeptentrionale. Celles de la mer du ſud ſont la Californie & quelques autres, mais qui ſont peu connuës & peu habitées ; on n'eſt pas certain cependant ſi la Californie eſt une Iſle.

D. *Qui ſont les Iſles de l'Amerique dans la mer du nord ?*

R. Ces Iſles ſont les Açores aux Portugais, les Bermudes, Terre neuve, Anticoſti, Cap Breton & Saint Jean près du Canada. Le grand Banc de Terre neuve n'eſt pas loin de l'Iſle du même nom : & c'eſt-là que ſe fait la plus grande pêche de la moruë.

D. *Quelles ſont les autres Iſles de l'Amerique ſeptentrionale ?*

R. Ce ſont les grandes & les petites Antilles ; au rang des premieres ſont principalement Cuba, S. Domingue, Porto Ricco & la Jamaïque. La premiere & la troiſiéme ſont aux Eſpagnols, la ſeconde eſt partagée entre les François & les

Espagnols, & la quatriéme est aux Anglois.

D. *Marquez quelque chose de particulier sur celle de Cuba.*

R. L'Isle de Cuba, très-riche & & très-fertile, se divise en plusieurs Provinces, dont la Capitale est la Havana ou S. Christophe, port celebre, où abordent les flottes Espagnoles qui vont du Mexique en Espagne.

D. *Que l'Isle de S. Domingue a-t-elle de particulier?*

R. Cette Isle nommée aussi Hispaniola, se divise en partie orientale & en partie occidentale. La premiere est occupée par les Espagnols, & l'autre par les François, où ils travaillent beaucoup de sucre. S. Domingue Capitale, est aux Espagnols, & le Gouverneur pour la France réside au petit Goave.

D. *Expliquez ce qui regarde les Isles Lucayes.*

R. Ces Isles au nord de celle de

Cuba sont en assés grand nombre. Les plus distinguées sont celles de Lucayoneque, de Ciguateo, de Cotoniero, de Guanahani & quelques autres moins considerables.

D. *Qu'entendez-vous par les Isles de Barlovento?*

R. Ces Isles nommées aussi les Caribes, sont possedées par diverses Nations Européennes. Les François tiennent la Martinique, la Guadeloupe, partie de S. Martin, la Desirade, Mari-Galante, Grenade & quelques autres. Les Anglois ont les Barbades, Tabago, S. Christophe & quelques autres. Les Espagnols sont maîtres de la Trenidad.

D. *Qui sont les Isles de Sottavento?*

R. Ces Isles moins considerables que les Isles de Barlovento, sont presque toutes desertes. Quelques-unes sont habitées par les Espagnols: mais les Hollandois y possedent Curaçao, Bonayre, & Oruba, par le moyen desquelles ils font un grand commerce avec les Espagnols des Indes occidentales.

D. *Quelles sont les Isles de l'Amerique méridionale ?*

R. Il y en a beaucoup moins que dans l'Amerique septentrionale; les principales sont Castro ou Chiloé, à l'extremité du Chili, & les Isles Magellaniques qui sont très-peu connuës.

XLVIII. LEÇON.

Terres Arctiques & Antarctiques.

Demande. QU'*appellez-vous les Terres Arctiques ?*

Réponse. Ce sont les Terres qui sont sous le Pole septentrional du Globe terrestre, entre le 72 & le 90e degré de latitude septentrionale. Ces Terres, qui pour la plûpart sont inconnuës, sont le Spitzberg, le Groenland, la nouvelle Zemble, & la Terre de la Compagnie.

D. *Marquez ce que l'on connoît de ces Pays.*

R. Le Spirtzberg au nord du Norwege eſt extrêmement froid, & l'on y pêche quelques Baleines ; le Groenland Pays extrêmement froid, & l'on ignore ſi c'eſt une Iſle ou un Continent ; la nouvelle Zemble n'eſt ſéparée de l'Europe que par le Détroit de Waygatz. La Terre de la Compagnie eſt bien plus proche de l'Aſie, & n'eſt, dit-on, connuë que ſur les Côtes.

D. *Qui ſont les Terres Antarctiques?*

R. Les Terres Antarctiques ou Terres Auſtrales inconnuës ſont bien plus étenduës que les Terres Arctiques, & ne ſont pas encore toutes découvertes, ſi ce n'eſt ſur les Côtes de la mer.

D. *Marquez ce que l'on connoît de ces Terres Antarctiques.*

R. Ce ſont la nouvelle Guinée découverte l'an 1527. dont on a reconnu ſeulement quelques rivieres & quelques caps : & l'on ſçait que les terres y ſont aſſés fertiles. La Terre des Papous, ou tient à la nouvelle Guinée, ou n'en eſt pas éloignée ; la Carpentarie entre la nouvelle Guinée & la nouvelle Hollande.

D. *Continuez à marquer ces Terres.*

R. Les Iſles de Salomon ſont, à ce qu'on croit, à l'orient de la nouvelle Guinée, dont celle qui eſt nommée Iſabelle, eſt la plus grande, la Terre auſtrale du S. Eſprit que l'on croit fabuleuſe : la nouvelle Zelande dans laquelle on n'a pas penetré. Les Iſles de Horn, de Cocos, des Traîtres, & des Chiens, ſont peu conſiderables.

D. *Quelles ſont les autres Terres.*

R. Nous avons déja parlé de la Terre de feu ou Iſles Magellaniques. La Terre des Etats a été un peu mieux reconnuë. La Terre australe propre a été découverte plusieurs fois, mais seulement sur les Côtes, de même que la nouvelle Hollande & quelques autres qui ont été vuës, mais où l'on n'a point penetré.

On doit faire la repetition de la derniere semaine : & l'on peut au besoin, passer encore une semaine à faire repasser les endroits les plus nécessaires de la Geographie.

APPROBATION.

J'AY lû par l'ordre de Monseigneur le Garde des Sceaux, cette *Méthode pour étudier la Géographie*, & je renouvelle d'autant plus volontiers l'Approbation que j'y ai déja donnée ci-devant, que l'Auteur la remet au jour augmentée d'un très-grand nombre d'Observations instructives. Fait à Paris ce 24 Septembre 1735.

L'Abbé RAGUET.

Le Privilege du Roi eſt joint à la *Méthode de Geographie*, dont cet Abregé fait le premier Livre.

www.ingramcontent.com/pod-product-compliance
Lightning Source LLC
LaVergne TN
LVHW012001220826
846092LV00001B/222
* 9 7 8 2 3 2 9 8 0 8 9 4 9 *